提升能力的科学游戏

陈书凯 ◎ 编著

中国纺织出版社

内 容 提 要

科学是人类探索精神的体现，也是人类武装大脑的有效武器，本书让孩子在一个个有趣的游戏中培养起追根溯源的科学精神，养成积极乐观勇于解决实际问题的习惯，进而提高他们动手、动脑能力，活跃大脑，开发智力。

图书在版编目（CIP）数据

提升能力的科学游戏 / 陈书凯编著. -- 北京：中国纺织出版社，2013.6 （2024.1重印）
（青少年脑力游戏厅）
ISBN 978-7-5064-9288-1

Ⅰ. ①提… Ⅱ. ①陈… Ⅲ. ①智力游戏—青年读物②智力游戏—少年读物 Ⅳ. ①G898.2

中国版本图书馆CIP数据核字（2012）第248499号

策划编辑：徐屹然　　责任编辑：赵晓红
特约编辑：付　晶　　责任印制：储志伟

中国纺织出版社出版发行
地址：北京朝阳区百子湾东里A407号楼　邮政编码：100124
邮购电话：010—64168110　传真：010—64168231
http://www.c-textilep.com
E-mail: faxing@c-textilep.com
北京兰星球彩色印刷有限公司　　各地新华书店经销
2013年6月第1版　2024年1月第3次印刷
开本：787×1092　1/16　印张：12
字数：139千字　定价：36.00元

前 言

科学是武装人类大脑最有效的武器，帮助人类战胜封建迷信和愚昧无知。科学看似高深，其实并不神秘。科学是一种方法，是战胜愚昧无知的最有力武器，是人类运用自身智慧，揭示大自然奥秘的金钥匙。当科学与游戏结合时，它所赋予的意义就非同一般了。

牛顿是世界著名的科学家，他就是最早将游戏和科学结合起来的杰出代表人物之一。他曾经说过："我就好像是在海上玩耍一样，时而发现一个光滑的石头，时而发现一个美丽的贝壳，我会为之高兴，就像个小孩子一样。"这句话生动形象地说明了游戏在他生命中的地位，而他一生的成就也证明了游戏在他的科学研究中所起到的重要作用。

这本书收录了将近两百个科学游戏，可以说是目前国内最权威，也是最经典的一本科普类读物。当然，这里所指的科学并不是指科学家们研究的那些高深的理论，而是指我们身边存在的，青少年能够理解并参与的。本书一共分为身体里的小秘密、神奇的大自然、数学王国、自然万象、光之谜、奇妙的声音、冷和热、走近电与磁、气压风暴九章具体的内容。在每一章里，我们都精心挑选了最实用、最有代表性的科学游戏，为青少年全方位地展现出了科学的魅力。

为了让青少年朋友更好地理解游戏的过程，在进行文字解说的同时，还给每一个游戏都设计了相关的手绘操作步骤示意图，让大家玩起来更轻松，做起来更简单，学起来更容易。同时，本书抛弃了枯燥之味的灌输式的智力训练模式，将知识、思维、娱乐熔为一炉，以权威趣味的游戏题目和循序渐进的编排格式以及手脑并用的训练方法，最大限度地活跃青少年的思维，激发大脑潜能。

著名科学家霍金说："有一个聪明的大脑，你就能比别人更接近成功。"首脑并用的科学游戏是培养多元智能的智力活动，它引领孩子在游戏中发现日常生活中惊人的科学秘密，开阔眼界，增益知识；能让孩子玩出科学思维，越玩越聪明，掌握灵活主动的思维能力。

编著者

2013年2月

Contents

第一章 身体里的小秘密

第二章 神奇的大自然

第三章 数学王国

第四章 自然万象

第五章 光之谜

第六章 奇妙的声音

第七章 冷和热

第八章 走近电与磁

第九章 气压风暴

第一章

身体里的小秘密

人体是我们最熟悉而又最陌生的领域，这片令人着迷的领域就像魔术师手中的魔法棒一样，随意一点，就能变出让你目瞪口呆的“戏法”。怎么样？想不想自己也练就一身像魔术师那样的好本领呢？那就跟随小不点一起发掘人体的独特秘密吧！

1.迟钝的手臂感觉

小朋友，你能解释下面这个问题吗？和小伙伴一起做这个游戏试一试吧！

魔力工具箱　1.三支铅笔　2.一把小刀　3.一卷胶带

游戏魔法棒

1 把三支铅笔削尖，用胶带把其中两支铅笔捆绑起来。

2 用铅笔轻轻碰触你伙伴手臂上的皮肤，在测试的时候，不能让你的小伙伴看。

3 触碰完，问你的伙伴你是用几支铅笔碰触的，你会发现他感觉不出来究竟是用几支铅笔。（很奇怪是吗？他怎么会感觉不出来呢？）

原来，人体皮肤上有感受触觉的神经末梢，也叫触觉感受器，它们广泛地分布在人体的皮肤中，但不同的部位分布情况是不同的。前臂皮肤和颈部皮肤中的触觉感受器数量少，当用捆在一起的两支铅笔碰触皮肤时，正好两点都处在同一个触觉感受器管辖的范围内，就会感觉只有一个触点的刺激；而手指皮肤中的触觉感受器分布多，就能准确地反映出碰触的刺激。

2.身体定住了

孙大圣的“定身术”真是太有趣了。我们普通人能做到吗？

魔力工具箱 邀请你的两个朋友和你共同玩这个游戏。

游戏魔法棒

1. 身体站直，双手各握住同一侧的肩膀，把胳膊肘尽量放平。
2. 让你的两个朋友站在你的两侧，托着你的胳膊肘使出最大力气抬你，但怎么也抬不起来。

（你看，你是不是像孙大圣一样有“定身术”呀！）

由于你已经把胳膊肘放在离身体重心前方远一点的地方，这样克服体重的阻力所需要的力就更大，所以你的身体如同施了孙悟空的“定身术”一样纹丝不动。胳膊的角度是这个游戏成败的关键。如果你的朋友想把你抬起来的话，必须把你的胳膊肘收回到身体两侧，这样就很容易把你抬起来了。

3.眨眼睛

眼睛是心灵的窗户，它对每个人来说都非常重要。那么，你知道心灵的窗户该如何保养吗？

魔力工具箱 一块计时表

游戏魔法棒

拿出手表，计算一下在一分钟以内，你的眼睛眨多少次。如果你的心跳比较正常的话，那么一分钟之内你应该眨眼10次左右。那你知道人为什么都会眨眼睛吗？

眨眼睛是眼睑里面的肌肉收缩的表现，对我们的眼睛有很大的保护作用。

一、可以润湿眼球。眼皮里面带有泪液，当眨眼睛的时候，泪液就会迅速地润湿眼球，使眼睛不至于太干燥。

二、由于眼睛一直暴露在空气中，灰尘、细菌很容易附着在眼睛的表面。眨眼睛可以将这些脏东西清除，维持眼睛表面的清洁。

三、当你睁着眼睛的时候，眼睛在不停地工作，眨眼睛可以让眼睛得到暂时的休息。

4.一心一意

聪明博士和我打了一个赌：我的脚做圆圈运动时，我的手就写不出我的名字来，你相信吗？试试看再说！

魔力工具箱 1.一张纸 2.一支笔

游戏魔法棒

1 脚在桌子下面画圆圈，你的手试着写出你的名字，你会发现很难办到，即使办到了，写出的字也是歪歪扭扭的。

2 你手上能够画出的，只是和脚的运动方向一致的圆圈。

3 脚的运动改变了方向，手的运动就会乱起来。所以，脚的运动会反映到你的字迹当中。

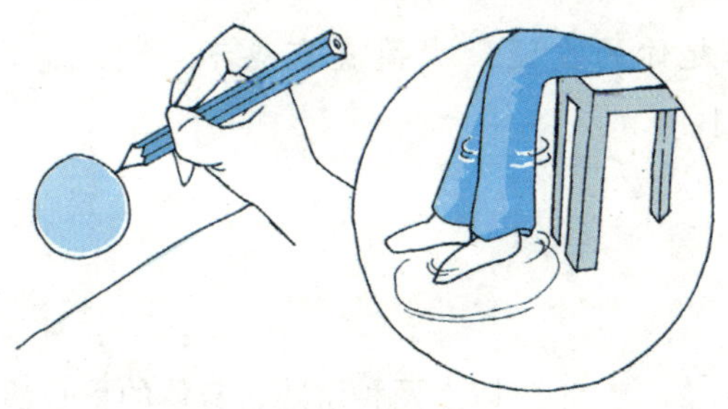

每一种运动都要求精神集中，所以一个人很难同时做两件事情。类似的情况也会影响你的精神集中，例如你在做家庭作业的同时听音乐。

5.无法完成的动作

众所周知，我们身体的灵活性是非常强的，可偏偏有些动作却无法完成。这是怎么回事呢？

魔力工具箱 自己可以独自完成

游戏魔法棒

1 背靠墙，脚跟、肩膀也贴着墙，身体不要向前倾。你会发现你的身体跳不起来。

2 换一个姿势。让身体右侧靠墙，右腿和右脸贴着墙，腿不弯曲，你会发现举不起你的左腿。（简直有点不可思议！）

以上两种游戏，身体的重心都落在了两脚上，所以身体完不成规定的动作。要想完成以上两个游戏，必须把身体的重心从支撑点移开。但是按照游戏规定，不跌倒是不可能完成游戏1的；不把墙搬开也是不可能完成游戏2的。

6.站不直了

身体无法站直？听起来觉得有点可笑，身体正常的人都能站直。可是下面这个游戏却能让你的身体站不直。不信就来试一试吧！

魔力工具箱 自己可以独自完成

游戏魔法棒

1. 让脚尖顶着墙壁站立，然后向后移动4个脚掌长。
2. 双脚并拢，双手撑住墙，身体尽可能地向墙壁倾斜。（可要注意安全哟！）
3. 把你的额头轻轻地靠在墙上，双手缩回到身体两侧。结果发现，在双脚不动、双手不动的情况下，无论使多大的劲儿都站不直。

这其实考的是一个重心问题。当你按要求距离墙4个脚掌长，头靠墙壁，双手放在身体两侧的时候，自身的重心都落在了你的双脚上，而不是均衡地分布在身体的各个部位，所以自然就无法站直了。

7.手指不疼

在寒冷的冬天，如果长时间把皮肤暴露在外面，暴露的部分就会失去感觉。想知道这是为什么吗？

魔力工具箱

1.冰块若干 2.一块手表 3.一支削尖笔头的铅笔 4.一根可以遮住眼睛的布条

游戏魔法棒

1 用布条将眼睛蒙住，用拇指、食指和中指夹住小冰块。（如果冰块很快融化，就再换一块冰。）

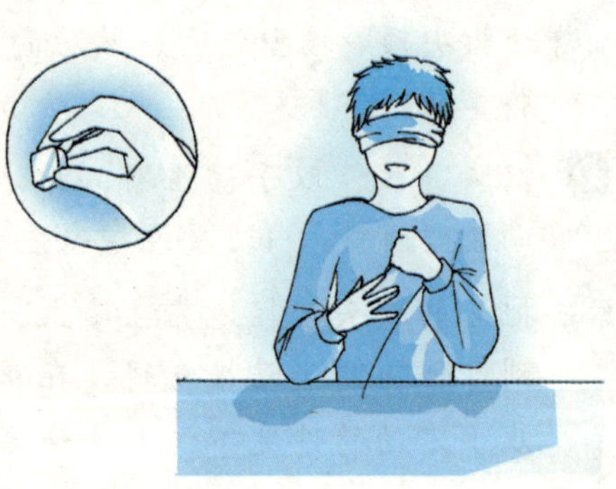

2 两分钟后，用笔尖戳其中一个指头。结果，手指没有感觉，既不知道碰到的是什么东西，也感觉不到被扎的痛。（难道我的手指头失去知觉了？）

原来，冰块冷却了指尖上的皮肤。为了避免受冻，身体会作出反应，使与冰块接触的皮肤变得麻木。于是触觉神经感受器不再向大脑发送有关信息。因此，你无法知道被触碰物体的表面是平滑的还是粗糙的，甚至用针扎也感觉不到痛。

8.走不出来的直路

笔直的道理和弯曲的道路是最容易区分的，可有时候却区分不开。这是怎么回事呢？

魔力工具箱 一个啤酒瓶

游戏魔法棒

1 手扶住摆放在地上的酒瓶口，围绕它转三圈。

2 然后尝试向一个笔直的目标走去，保证你走错。（这是为什么呢？我明明想一直沿着笔直的方向走，可却总是拐弯。）

原来，这是你内耳平衡器官把你引入了歧途。当你的头部转圈时，内耳中的一种液体开始流动，使得耳内的茸毛倒伏，并把这个过程报告给大脑，它就会使你做出相反的运动来。如果你转得很快，并突然停了下来，液体将继续流动。即使你这时站直了身体，大脑的反应仍然像你在旋转时一样，你会在目标前拐弯走到别处去。

9. “小力气”男生

昨天班上的一个男生连一个凳子都举不起来，这真是奇怪，我们女生不费太大力气都能举起一个凳子，难道他还不如女生？

魔力工具箱

1.两张凳子

2.邀请两个你的同学，一男一女。你当裁判。

游戏魔法棒

1. 各就各位。请你的同学各自用脚量出离墙根4个脚掌长的距离，站好。
2. 靠墙根放两张凳子。
3. 请你的同学弯下腰，头贴着墙，然后用力举起凳子。结果发现女同学能把凳子举起来，男同学却举不起来。

一般来说，女生的脚比男生的小，因此当一个男生离墙根4个脚掌长距离时，弯下腰他的重心会离身体支撑点远；而一个女生在这种情况下，身体重心离支撑点要近得多。这样，男生和女生相比，就处于十分不利的地位，虽然男生的力气大，但还是举不起凳子。

10.眼睛看不到的地方

世界上最大的是什么？对，不是撒哈拉大沙漠、不是一望无垠的蒙古大草原，是人的眼睛。因为人的眼睛可以承载一切的景物，可是人的眼睛也有盲区，你知道吗？

魔力工具箱 1.一张纸 2.一支笔

游戏魔法棒

1. 在硬纸的中央画一个大小为6毫米的“十”，相距为10厘米处画一个直径为6毫米的圆圈。
2. 手拿硬纸放在右眼的正前方，距离约为15厘米处，用右眼注视图中的“十”，闭上左眼，把纸慢慢移向自己，当移到离右眼10厘米左右时，再把图前后移动。

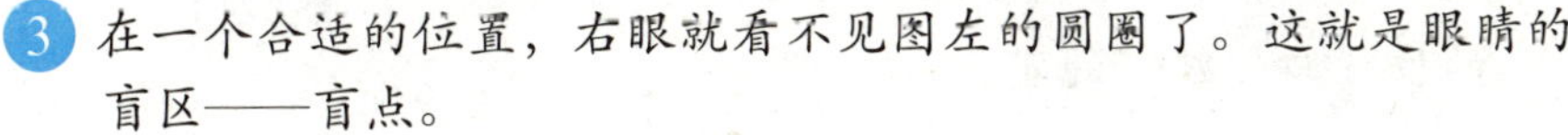

3. 在一个合适的位置，右眼就看不见图左的圆圈了。这就是眼睛的盲区——盲点。

（怎么样，你对盲点的测试是不是很感兴趣呀？）

原来在眼球的内侧后方有视网膜，上面有感光细胞，外界来的光线只有落在视网膜上才能成像。当看不见图上的圆圈时，说明圆圈在视网膜上的成像正好落在了盲点上，这个部位是视神经穿过视网膜的地方，没有感光细胞，所以不能成像，也就不能形成视觉，在生理学上叫盲点。

11.神奇的镜子

今天有个同学说我右额头长了一颗痣，我明明记得是在左边的呀，每天都照镜子，难道是我看错了，这是怎么回事？

魔力工具箱 一面镜子

游戏魔法棒

1. 站在镜子面前，伸出你的左手，在镜子中就成了你的右手；伸出你的右手，在镜子中却成了你的左手。由此看来，镜子中的影像是左右颠倒的。

2. 躺在镜子面前，你会发现镜子中的影像并没有左右颠倒，你的头和脚的位置与你躺下的实际方向是一致的。这又是为什么呢？和第一步不是有点矛盾吗？

判断左右是从人的视觉习惯而言的。实际上，视觉分辨左右和分辨上下所用的是不同的概念。镜子不仅变换了水平方向上的“左右”，其实也变换了垂直方向上的“左右”。假设向上的方向为右，向下的方向为左，那么你会发现，原本在腹部“右边”的头，镜子中则变成了在腹部的“左边”。

12.捡不起来的钞票

一张钞票就在你脚前方30厘米的地方，你能把它捡起来吗？

魔力工具箱 一张钞票

游戏魔法棒

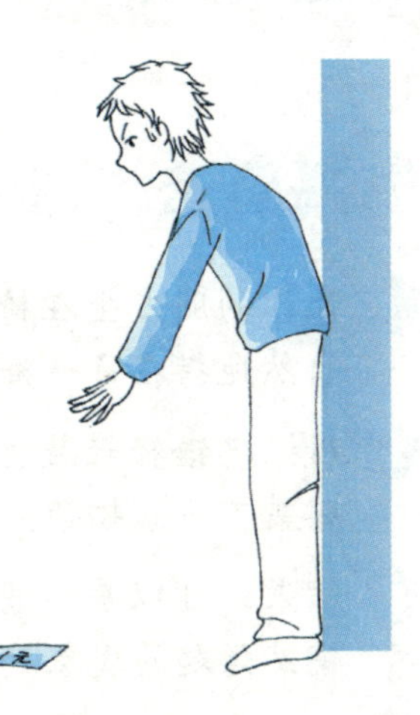

1. 笔直地靠着墙壁站好，双脚并拢，脚后跟靠墙。
2. 在脚前方大约30厘米的地方放一张钞票。
3. 现在不要移动脚，也不要弯曲膝盖，设法捡起这张钞票。（做的时候要小心，不要摔倒了呀！）

其实无论你怎样用力，你都捡不起来。如果你非常努力地去捡起它，你就会摔倒。

当你靠墙站立时，你的重心落在你的脚上。当你向前倾斜捡钞票时，你的重心就会前倾。这个时候，为了保持重心稳定、身体平衡，你必须迈开脚步。可是游戏的规则是不能移动双脚，所以无论你怎么用力，都无法捡起钞票。如果你一定要非常努力地去捡，你就会失去平衡，最终摔倒。

13.突然跳动的小腿

我们每天要走很多路，可是你了解你的腿吗？

魔力工具箱 1.一把橡皮锤 2.一把椅子

游戏魔法棒

1. 让你的朋友坐在椅子上，让一条腿自然地搭在另一条腿上。
2. 用橡皮锤轻轻敲打朋友上面那条腿膝盖下方的韧带。
3. 结果，可以看到朋友的小腿会出现突然弹起的现象。
4. 你坐在椅子上，重复上面的步骤，发现你的小腿也会出现同样的反应。（我的腿怎么啦？）

当叩击膝盖下方的韧带时，大腿的肌腱和肌肉内的感受器接受刺激而产生神经冲动，神经冲动沿着神经传到脊髓里的神经中枢。神经中枢发出的神经冲动再传出，引起大腿上相应的肌肉收缩，使小腿前伸，从而表现出小腿突然弹起的反应。这就是膝跳反射，是一种正常的生理反应。

14.我是大力士

聪明博士又在说大话，他竟然说我可以抵挡10个人的力量。这可能吗?

魔力工具箱 工具在这个游戏里是不需要的，召集几个你要好的朋友一起来玩就可以了。

游戏魔法棒

1. 你把双手抵住墙壁，手指向上，手背向外。
2. 让你的10个朋友排成一排，每个人的手都搭在前面的人的肩上。
3. 然后，所有的人都一齐用力把你向墙上推。
4. 你不会被压倒的。

（你没有被压倒，完全能够战胜众人！是不是让人惊奇？）

其实并不是你一个人身上承担了10个人的力量，而是每个人都会吸收身后那个人的力量，所以力量不能累加。只要你能顶住身后那个人，你就胜券在握。这个游戏取胜的关键是，要找一个力量比自己小的人站在自己的身后。

15.硬币不会掉下来

我们日常生活中的很多事情都离不开手，十指真是得心应手。可是给你出一个简单的手指动作你都做不到，不仅仅是你，任何人都做不到，不信就试试吧！

魔力工具箱　一枚硬币

游戏魔法棒

1. 把无名指指尖相对，其他手指弯曲，直接相碰，我把硬币放在你的无名指指尖中间。
2. 不能把手指错开，尽力把硬币扔下。
3. 你会发现无论你怎么使劲都不能使硬币掉下来。（聪明博士，你说这是怎么回事呀？）

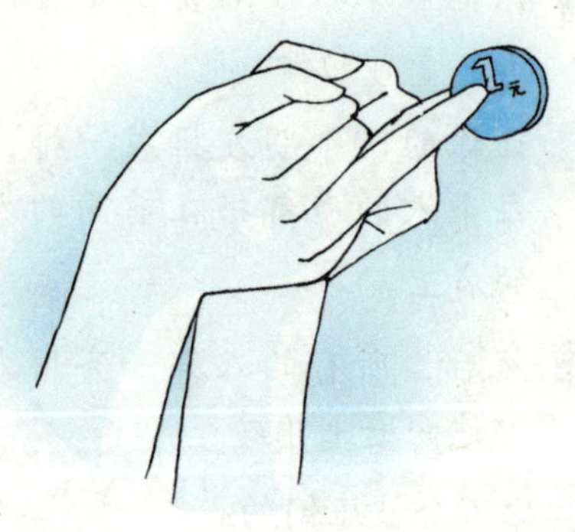

无名指不能独立于其他手指而单独运动，韧带把它与其他手指连在一起，特别中指是功能手指，中指不动，无名指根本动不了。扔硬币是不可能的。

16. 手指拉不响了

使劲拉你的手指，会听到手指关节发出“咯咯”的响声，响过的手指在一段时间内就不会再发出声音，想知道这是怎么回事吗？

魔力工具箱 不需要借助外界的任何物品，用你的手指就可以。

游戏魔法棒

1. 使劲拉动手指，拉得手指关节“咯咯”响。
2. 再次拉起刚才的关节，你会发现怎么拉也拉不响。（聪明博士，你能解释一下吗？）

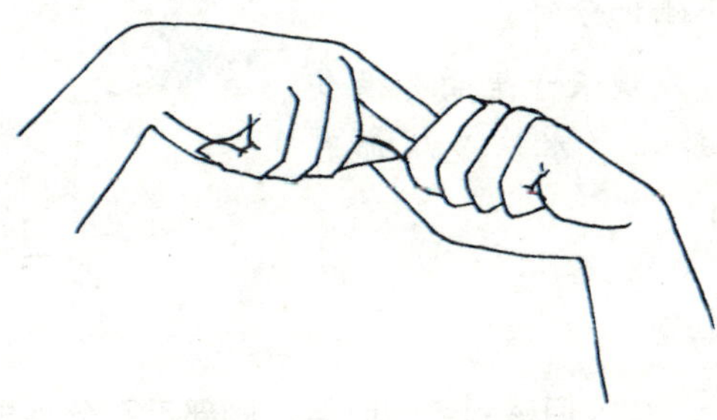

原来，关节周围分布的少量液体中都含有气体。当关节被拉直的时候，加之上面的压力降低，气泡就会冒出来，气体逸出时会发出响声。一次气泡冒出后，气体无法排出，只有经过10～20分钟后，气体重新溶解于液体中，再拉关节，才能再次发出“咯咯”的响声。

17.流汗了

剧烈运动后，通常会汗流浃背，这是司空见惯的事情，可是你知道这是为什么吗？

魔力工具箱　1.一个大透明塑料袋　2.一根橡皮筋

游戏魔法棒

1 脱掉鞋子和袜子，用塑料袋把脚套住，然后，用橡皮筋扎紧塑料袋。

2 坐在阳光下晒15分钟。

3 15分钟后，发现袋子里面有很多细小的水珠。（水珠是从哪里来的呢？）

人们感到热的时候，脚部毛孔分泌出来的汗水会变成水蒸气，水蒸气碰到凉凉的塑料袋就会液化，于是在袋子里面形成小水珠。当我们的皮肤表面有水分蒸发时，会吸收皮肤表面的热，流汗就是让身体冷却的一种办法。人体还会根据需要散热程度，自动调节汗水的流量。为了让身体快速冷却，在炎热的夏天或激烈运动时，通常流汗比较多。

18.热气和冷气

张开嘴吹气，气流是热的；噘起嘴吹气，气流是凉的。你相信吗？不信的话，自己试试。

魔力工具箱　自己可以独自完成

游戏魔法棒

1. 举起手臂放到嘴巴前面，但是不要碰到嘴巴。
2. 张开嘴巴尽量用力吹气，手会觉得温暖。
3. 重复步骤1，但这次要撅起嘴唇吹气，手会觉得凉快。

（下次冷的时候，你知道自己该怎么做了吧？）

其实张开嘴巴或撅起嘴唇时，吹出来的气体温度都一样。你之所以会觉得温度有差别，是因为嘴巴张开时，呼出的气体移动得很慢，轻轻地将手上那层空气推开，并挨近皮肤。由于呼出的气体比这层空气更温暖，所以你的皮肤会觉得温热。但是撅起嘴唇时，空气被迫从比较小的开口通过，移动的速度加快。这些快速移动的气体，不止吹开你手背上的空气层，自己也跑掉了，于是旁边较冷的空气会过来填补位置，所以你会觉得比较凉。

19.盲人看书

盲人无法用眼睛阅读，那他们是怎么学习的呢？

魔力工具箱

1.一根可以遮住眼睛的布条
2.一张硬纸片　3.一枚针　4.一支笔

游戏魔法棒

1. 在硬纸片上写出“科学游戏”几个字，不让你的朋友看见。
2. 用针从反面在这些字上扎出整齐的字的形状的洞。
3. 拿布条将朋友的眼睛遮起来，让他用手指摸字。
4. 结果，即使不看纸片，他也能认出这几个字。

手指指端的皮肤高度灵敏，那里有很多神经感受器，能敏锐地觉察出凹凸的变化。当手指接触到这些凹凸不平的笔画时，头脑中就会浮起字的形象。所以，即使不看纸上的字，也能用手指将每个字准确地辨认出来。盲人就是根据这个道理来认字的。（现在你知道是为什么了吧？）

20.坐下去，起不来

有人说："不用绳子捆绑你，有一种做法，能使人无法从椅子上站起来。"是不是以为他在开玩笑，这是为什么？

魔力工具箱 一把和你的膝盖同等高度的椅子

游戏魔法棒

坐在椅子上，上半身保持垂直，双脚也垂直着地，保持静止，双手平放在胸部。坐好以后，身体和脚不做任何移动的情况下试着站起来，却发现自己怎么也站不起来。

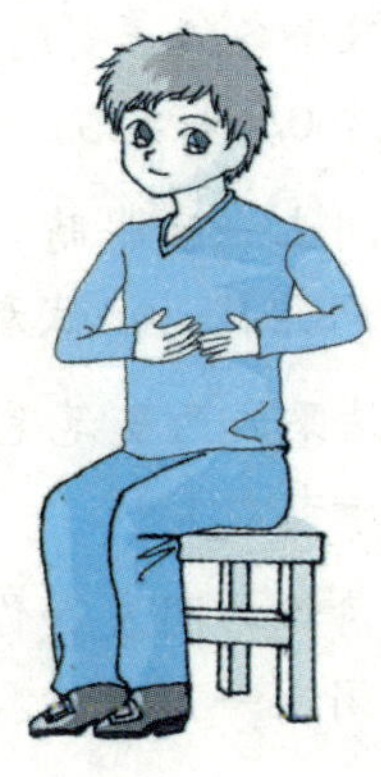

原因很简单。坐在椅子上的你中心是在肚脐上约20厘米的脊椎附近。从椅子上站起来，就要使重心偏离，如果你不移动身体或者脚是不可能办到的。如果你想从椅子上站起来，就要往前倾或者缩脚。既不往前倾也不缩脚是不可能站起来的。

21.碰不到一起

把两支铅笔笔尖碰在一起，是很简单的事情，可是在以下这个游戏里，看你能不能做到。为什么呢？

魔力工具箱　两支削好的铅笔

游戏魔法棒

1. 双手各拿一支削尖的铅笔，让笔尖相对，距离60厘米左右。
2. 闭上一只眼睛，将两支铅笔笔尖慢慢向中间靠拢，试试看是否能使它们相碰。
3. 结果，两支笔笔尖总是错过，不能碰在一起。
4. 请你的朋友和你一起，各拿一支铅笔，都闭上一只眼睛。
5. 慢慢将铅笔笔尖靠拢，再试试能否使它们相碰。结果，铅笔笔尖仍然会错过。

（是不是闭上一只眼睛，视觉能力就减弱了？）

在游戏中，你或你的朋友闭上一只眼睛时，你们所熟悉的深度感没有了，也没有了计算目标距离的双目视觉(用两只眼睛看)。于是，像铅笔尖这样的小物体，就很容易错过，所以你们不能使笔尖相碰。

22.测试心跳

你试过你的心脏跳动频率吗？下面这个游戏教给你一个测试心脏跳动的方法，并告诉你怎么使你的心跳加快。动手试试吧！

魔力工具箱

1.一盆冰水　2.一块带秒针的手表
3.一张纸　4.一支笔

游戏魔法棒

1. 用你右手的两个手指按在左手手腕内侧上，感觉一下通过动脉传递过来的心脏跳动。在纸上记录下15秒钟你感觉到的心跳次数。

2. 把记录下的数字乘4就是你的心律。
3. 把手放进冰水里浸泡一会儿，然后拿出来，马上再次测试心律。
4. 结果，你会发现你的心律增加了10次。（心律为什么加快了？）

因为冰水使手部的血管变窄，血液流通变得困难，心跳就会加快泵血速度。所以，你的心跳会加快。

23.盐变甜了

一般来说，加入盐会让食物变得咸一些，加入糖会让食物变甜，但我喝红豆汤的时候错把盐当成糖了，以为会很咸，结果更甜了。这是为什么呀？

魔力工具箱 1.两个碗，一个碗里盛好甜的红豆汤，另一个什么也不装 2.糖和盐少许 3.一个西瓜

游戏魔法棒

1. 在盛有红豆汤的碗里加完糖之后，将它分成两碗（这样保证两碗中的红豆汤含有均匀的糖分）。喝完第一碗，然后在第二碗中加入少量的盐再喝，感觉第二碗的红豆汤更甜一些。

2. 将西瓜切成两份。在其中一份撒上少许的盐，先吃没有加盐的那份，再吃加盐的那份，同样感觉更甜了。

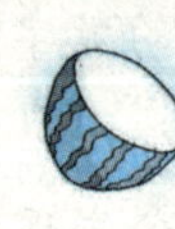

其实并不是盐真的把食物变甜了，而是我们的味觉器官造成的错觉。味道是经由舌头上的“味蕾”所感知的。如果持续地给予味蕾甜的刺激，那么，它对甜味的感觉会慢慢变得迟钝。此时如果给予味蕾另外的刺激，会使味蕾对甜味的敏感度再次恢复。

24.味觉失灵

你连梨、苹果、洋葱的味道都不能分辨，真是令人难以置信，不过这是真的。你可以试试这个游戏。

魔力工具箱 1.一个梨 2.一个苹果 3.一个洋葱 4.一把水果刀 5.一根可以遮住眼睛的布条

游戏魔法棒

1. 用水果刀将梨、苹果、洋葱切成同样大小的块。
2. 拿布条蒙住眼睛，捏住你的鼻子。让你的朋友把一小片梨、洋葱或是苹果放在你的舌头中心。（不要嚼，试着用你的舌头去辨别它们）

3. 结果，你无法分辨出它们分别是什么。

（哈哈，贪吃的人再也不是贪吃的人了，连苹果片和洋葱片都分不清！）

原来，舌头能分辨出四种基本味道：咸、甜、苦、酸。辨别味道的器官叫做味蕾，它毫无规律地散布在舌头表面，而舌头中心（放置梨、苹果等的位置），分布的味蕾比舌头上其他部位要少。我们通常所说的味道其实是滋味、气味和食物口感的结合。在这个游戏中，嗅觉与感觉的作用都被抑制了，因此，你对梨片、苹果片和洋葱片的味道就不敏感了。

25. 一个指头就让你站不起来

聪明博士说我的一个指头能让他站不起来。我觉得他在吹牛，怎么可能？我这么瘦小，他那么肥胖，我能有那么大的力气吗？

魔力工具箱 一张凳子

游戏魔法棒

1. 让你的朋友先坐在凳子上，头向后仰。
2. 你把食指抵在他的前额上，并向下压。
3. 现在，你让你的朋友试着站起来，你会发现他根本做不到。（这是怎么回事呢？）

原来，人在不动的时候，重心在身体的上半部分。当人坐下时，重心落在了凳子上。人要站起来就必须把重心转移到脚上，为此，就必须把头前移。用手指抵住额头就是为了阻止头前移，头不前移，人就站不起来。

26.不能前进，只能后退

有一种姿势能让我们向后跳跃，却无法向前移动半步，真是有点奇怪！

魔力工具箱 邀请你的两个朋友和你共同玩这个游戏。

游戏魔法棒

用双手抓住你的脚趾头，膝盖略微弯曲，发现这个姿势可以向后跳跃，却无法向前移动半步。这是怎么回事呢?

手抓脚趾头向后跳时，双脚首先离地，人体的支撑部分首先移动，重心使身体仍然维持平衡状态，所以向后跳是能办得到的。手抓住脚趾头向前跳，重心必须比支撑部分先移动，向前一跳那非摔跟头不可。如果人体的重心不移动而向前跳跃，腿部的肌肉必须十分强有力才能做到，这时腿部不仅要使身体离开地面，而且在跳跃中还要支撑处于不平衡状态的身体，这是一般人所做不到的。

27.永远赢不了的游戏

现在和你的朋友一起来做一个游戏，你会发现他永远都赢不了，是不是很有趣？那么来试试吧！

魔力工具箱 一张纸币

游戏魔法棒

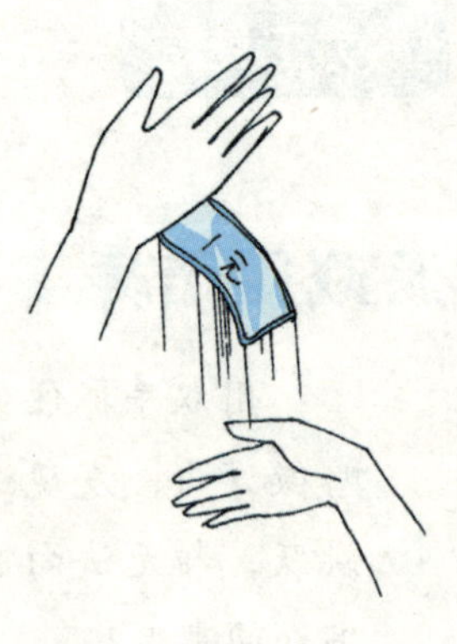

1 把一张纸币举在你朋友微开的手掌上方，然后请你的朋友在纸币落下时，用手抓住纸币。

2 你会发现他永远不会成功。（是谁的反应慢了？）

当眼睛看到纸币落下，它首先传给大脑一个信号，从大脑再向手发出“抓住”的指令。但这都需要一定的时间。如果你自己做这个试验，那就会成功，因为下落的信号和抓住的指令是同时发出的。从认识到反应之间的时间差，被称为“反应时间”。对一个汽车司机来说，在危险情况下，这个时间差是会产生严重后果的。

28.冰块粘舌头

炎热的夏天真是热死人，从冰箱里面拿根冰棍吃吃。咦！我的舌头被粘住了，这是怎么回事呢？

魔力工具箱 冰块

游戏魔法棒

正中午或者午后，从冰箱里拿出一块稍微大点儿的冰块，放到嘴边，用两片嘴唇紧紧地咬住冰块。过一会儿，你会发现冰块已经和嘴唇粘在一起了，要费很大力气才能把冰块拿下来。这是怎么回事呢？

不只是嘴唇，把舌头或手指尖贴近冰棍时也常常会发生这样的事。因为舌头或嘴唇上有水气，碰到冰棍上遇冷凝结后就跟冰棍粘在一起了。这时候千万不要用蛮力扯开，只要蘸点水涂在嘴唇和冰棍接触的地方，就可以使那层薄薄的冰溶化，把冰棍取下来。

第二章

神奇的大自然

从形态各异的动物世界到美丽多姿的植物世界，大自然赋予了人类许多神奇的东西：比如会“流血”的花、永不凋落的树叶、会生根的蛋壳等都让人无比欣喜。本章搜罗了青少年最爱读的生物界游戏，以全新的角度为青少年朋友拓宽了生物的视野，让大家在游戏中培养对学习的乐趣。

1.给花朵漂白

五颜六色的花确实很漂亮，能不能把它像漂白衣服一样漂白呢？

魔力工具箱

1.一个大食品袋 2.一枝花 3.一个铁瓶盖
4.一个小瓶 5.一把火钳 6.一块硫黄

游戏魔法棒

1. 取来一枝红花插在小瓶中，并用透明的大塑料袋罩住。
2. 再将硫黄装进铁瓶盖，用火钳夹住铁瓶盖在煤气灶上加热，使硫黄熔化后，再把它点燃。
3. 当硫黄冒出微弱的淡蓝色火焰后，迅速用火钳夹住放入塑料袋中，注意将周围的塑料袋盖严，不要漏气。
4. 你会看到红色的花儿在淡蓝色的烟雾中迅速地褪去了颜色，变成了一朵白色花。

硫黄燃烧后发出淡蓝色的火焰，会生成二氧化硫气体。二氧化硫具有漂白作用，能够使有色物质变成白色。这就是红色的花儿变成白色的原因。

2.分离叶绿素

小朋友，你能解释下面这个问题吗？和小伙伴一起做这个游戏试一试吧！

魔力工具箱

1.两个烧杯，一大一小　2.一片新鲜的绿叶
3.一小瓶浓度为95%的酒精　4.一个酒精灯
5.一个三脚架　6.一张石棉网　7.一盒火柴

游戏魔法棒

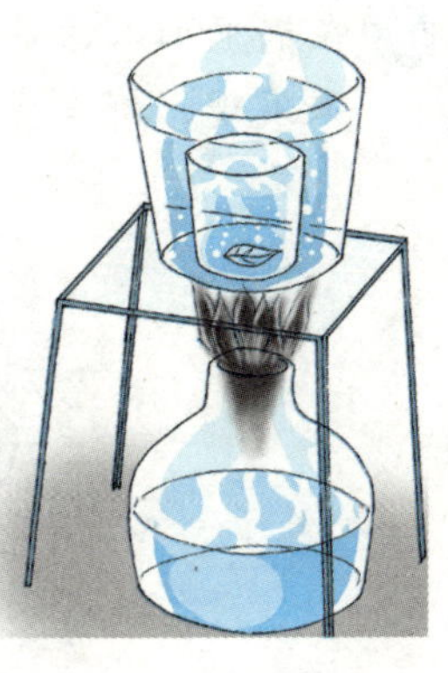

1. 把一片绿叶放入小烧杯中，再加入95%的酒精到淹没叶片为止。
2. 把小烧杯放入一个大烧杯中，在大烧杯中倒入热水。
3. 在三脚架上放好石棉网，然后把大烧杯放在上面，点燃酒精灯加热。
4. 过一会儿你会看见小烧杯中无色的酒精完全变成了绿色，这绿色物质就是叶绿素。

（哈哈，你不知道了吧？还是让我来告诉你吧！）

叶绿素能溶解在酒精中，将它加热煮沸，叶绿素就会跑到酒精中，所以酒精变成了绿色。（做这个游戏时，小烧杯可用玻璃杯代替，大烧杯可用锅代替，加热可用煤气灶。）这就是分离叶绿素的方法。

3.虾怎么变红了

我很爱吃虾，但是很奇怪，虾煮熟以后就成了红色。这是为什么？

魔力工具箱 1.一斤活虾 2.一口锅 3.一个燃气灶

游戏魔法棒

1. 先观察事先买回来的活虾，发现它的颜色是青黑色的。
2. 在锅里加入适量的水，把虾放入锅里，打开燃气灶煮一会儿。结果发现，虾全变成了鲜红色。难道虾有变色的本领？

原来虾的外壳中含有很多色素，色素中大多数都是青黑色的，所以活虾看起来都是青黑色的。一旦把虾放在锅里煮过之后，大多数的色素都被高温破坏了，只剩下了不怕高温的红色素。因此，虾煮过之后就变成红色了。

4.花儿为什么会自己绽放

花朵为什么会自己绽放？真是想不明白！

魔力工具箱 1.一个水杯 2.一把剪刀 3.一张彩色纸 4.水

游戏魔法棒

1. 先用剪刀把纸剪出花的形状，将花瓣向里折叠。
2. 将叠好的纸花放在水面上，仔细观察。
3. 几分钟后，纸吸收了水分，水到达了折痕处，使纸纤维膨胀，纸花瓣就自动展开了。

在这个游戏中，纸花瓣在水中展开的情形与大自然中花朵开放的原理是一样的，都是水作用的结果。在鲜花花瓣的基部有一种特殊的球状细胞。太阳升起时，鲜花蒸腾作用旺盛，向外散发水分，球状细胞就吸水涨大。随着它们体积的逐渐增大，花瓣向外顶，花朵就绽放了。

5.看看树叶的颜色

小不点的疑团

一般的叶子都是绿色的，可除了绿色还有别的颜色吗？

魔力工具箱

1.剪刀 2.玻璃杯 3.一小瓶异丙醇
4.滤纸 5.胶带 6.树叶

游戏魔法棒

1 用剪刀把树叶剪成细小的碎片，再把树叶碎片放到玻璃杯中，铺大约5毫米厚。

2 向玻璃杯中注入异丙醇，刚好没过树叶碎片就可以。

3 从滤纸上剪下一条宽3厘米的滤纸条，滤纸条用胶带固定在杯子边沿上，另一端伸入到异丙醇溶液中。

4 第二天，你会看到滤纸条上多了很多色彩。

聪明博士的卷问

（小不点真聪明，这你都能想得到。）

树叶中的色素可以溶解到异丙醇中，这样，当异丙醇沿着滤纸上升的时候，色素也被带到了滤纸上。因为不同色素的分子结构是不一样的，所以它们在滤纸上的高度也不一样，色素就会沉积到滤纸条不同的区域。这样，你就可以看到树叶中除绿色之外的其他颜色了。

6.无法成熟的西红柿

西红柿是我们餐桌上最常见的菜了，它鲜红的颜色让你垂涎欲滴。那你见过长久保持绿色的西红柿吗？

魔力工具箱　1.一株正在生长的西红柿　2.一碗热水

游戏魔法棒

1 在西红柿植株上找一个绿色西红柿。

2 把挑选好的西红柿放在一碗热水中浸泡三四分钟（注意不要把西红柿摘下来）。

3 过一段时间观察发现，当这株西红柿上其他果实全红时，这个被热水浸泡过的西红柿仍然是绿色的。这是为什么呢？

西红柿本身含有一种叫酵素的物质，它所产生的乙烯气体可以催熟西红柿。游戏中用热水浸泡西红柿的办法，损坏了可以产生乙烯气体的酵素，这就阻止了西红柿的成熟。所以当其他西红柿正常成熟的时候，被热水浸泡过的西红柿仍是绿色。

7.让植物在水中生长

地球人都知道花草树木都是长在泥土里的，那世界上有没有什么方法让种子不需要任何土壤就能长成健壮的幼苗呢？

魔力工具箱

1.一个底部有洞的花盆　2.几块小石头
3.珍珠石（一种吸水的园艺材料）
4.一个装有水的喷水壶　5.一个盘子
6.少许绿豆种子　7.肥料

游戏魔法棒

1. 用石头将花盆底部盖住，再在上面放上珍珠石。
2. 用喷水壶浇湿珍珠石，轻轻地把绿豆种子均匀地撒在珍珠石上，然后把花盆放在有阳光的窗台上，保持珍珠石的湿润。
3. 几天后，绿豆种子发芽了，这时可以用水和肥料的混合物来灌溉。需要时就继续浇水，但不要浇太多。过一段时间，你会看到种子长成了健壮的小苗。

（你的想法很有创意！）

植物的生长需要空气、水和阳光，但不一定需要土壤，没有土壤，植物也能存活，只要给他们提供土壤中所能获得的矿物质即可，比如游戏中的肥料和水。

8.叶子的伤口

叶子是维系植物生命的重要条件，如果叶子受伤就很可怕。不知道叶子受伤后是什么样子？

魔力工具箱　1.一种叶片较大的室内观赏植物　2.不透明的胶带

游戏魔法棒

1. 在植物的每一片叶子上粘一条不透明胶带，然后像平时一样照料这棵植物。
2. 几天以后，小心地撕掉叶片上的胶带，你会发现叶子上粘过胶带的地方变成了浅绿色。

（植物也像人一样，是有生命的，它们也害怕受伤，大家一定要爱护它们哦！）

植物通过光合作用，利用光能，将水和二氧化碳转化为有机物，形成叶绿素。粘上不透明胶带的地方没有照到阳光，不能进行光合作用，就无法形成叶绿素，所以颜色就慢慢变成了浅绿色。这些浅绿色的部分与原来深绿色的相比，就让人以为叶子好像受伤了。

9.梨为什么会变色

你有没有经历过这样的事情：明明是刚切开的梨，在桌上只放了几分钟，就变成褐色了。这是为什么呢？

魔力工具箱

1.一个梨　2.一个玻璃杯

3.盐水(浓度为1%)　4.一把水果刀

游戏魔法棒

1. 将盐水倒入玻璃杯中。
2. 用水果刀将梨切成2块，将一块置于桌上，将另一块放在盐水里浸泡。5分钟后将梨从盐水中取出，发现梨的切面并没有变色；而另一块梨的切面已经变成了褐色。

原来，梨肉中含有非常高的铁，它一旦与空气接触，就很容易和空气中的氧气结合，形成一种褐色物质。而盐水可以阻止、延缓这种化学反应。所以，放入盐水中的梨的切面没有变色。

10.鸡吃沙子的秘密

不知你有没有发现，刚从市场上买回来的鸡嘴巴里面都含有沙子。难道鸡饿得连沙子都敢吃？

魔力工具箱

1.葵花籽若干
2.沙子若干
3.一个玻璃杯
4.一个塑料袋

游戏魔法棒

1. 把葵花籽剥开，取仁儿，将其放进玻璃杯里，用水浸泡30分钟。
2. 30分钟后，把仁儿放进装有沙子的塑料袋中。用手揉搓塑料袋，使葵花籽仁儿和沙子相互摩擦。结果，仁儿被沙子磨碎了。

上面的游戏告诉我们：葵花籽仁儿只有和沙子产生摩擦，才能磨碎。同样的道理，鸡之所以喜欢吃沙子，是因为它没有牙齿。吃进去的食物不经过牙齿磨碎而直接进入体内，很难被消化。这时，被鸡吃进胃里的沙子就可以发挥作用了，它们能帮助磨碎食物，使磨碎后的食物很容易被消化和吸收。

11.不会发芽的种子

我们知道，把种子埋在泥土中，种子就会发芽。但如果把种子放在醋中，它会照常发芽吗？

魔力工具箱

1.若干玉米种子 2.两个小碟子 3.适量食醋
4.两张纸 5.两只玻璃碗

游戏魔法棒

1 在两个小碟子上各铺一张纸巾，然后在其中的一张纸巾上洒一些水，在另一张纸巾上倒一些食醋。

2 把玉米种子均匀地撒在两个小碟子的纸巾上，并将两只玻璃碗分别扣在小碟子上，避免水分蒸发。

3 把两个小碟子都放在阳光充足的阳台上。几天后，你会发现洒水的那个小碟子里的种子发芽了，而倒食醋的那个小碟子里的种子没有发芽。这是怎么回事呢？

这是因为食醋属于酸性物质。酸性物质对植物的种子萌芽有抑制作用，所以，放在食醋中的种子不会发芽。

12.强壮的根

小不点的疑团

光溜溜的鸡蛋壳也能生根，真是很奇怪！这究竟是怎么回事呢？

魔力工具箱

1.一颗太阳花种子 2.一个鸡蛋壳 3.一个玻璃杯
4.少许土壤 5.一杯水 6.一个小筛子

游戏魔法棒

1. 把太阳花种子放在一个玻璃杯中，然后向玻璃杯中注入适量的水，让种子浸泡一夜。第二天，用筛子把种子从玻璃杯中滤出，放在一边备用。
2. 在鸡蛋壳中加入一半比较湿润的土壤，然后把太阳花种子埋进土里。
3. 将玻璃杯中的水倒掉，把蛋壳小心地立放在玻璃杯中，放在阳光充足的阳台上。每天向土壤中浇少量的水。
4. 五天后，把蛋壳从玻璃杯中取出来。这时，你会发现太阳花的根从蛋壳底部钻出来了。

聪明博士的卷问

（是不是很神奇呀？）太阳花的种子在湿润的土壤中发芽，生出了胚根，并且在土壤中扎下根来，从土壤中吸收水分和营养。渐渐地，茁壮成长的胚根就像一根根强有力的针，从蛋壳中穿透出来，看起来好像蛋壳生了根一样。

13.叶子里为何有气泡

我把一片叶子放在水中，却发现水里会有气泡，这是怎么回事呢？

魔力工具箱 1.一个大玻璃缸 2.一个放大镜

游戏魔法棒

1. 把一个盛满水的透明玻璃缸放在阳光下。在玻璃缸里放几片绿色的嫩叶。
2. 拿一个放大镜，仔细观察叶子上发生的变化。
3. 你会看见叶子上有气泡冒出。

（是不是很奇妙呀？）原来，植物和动物一样也需要呼吸，植物的呼吸和动物的呼吸刚好相反，植物吸进的气体是二氧化碳，呼出的气体是氧气，植物的呼吸叫光合作用。植物在进行光合作用的时候，会把氧气散发到空气中。你放入玻璃缸中的叶子在阳光下进行光合作用，释放出氧气，从而在水里形成气泡。水里的植物用同样的方法帮助保持池塘、河流里有充分的氧气，满足鱼和其他水生生物的需要。

14.滴血的鲜花

你见过流血的花吗？如果没见过就动手来做这个游戏吧！

魔力工具箱 1.几朵白色的鲜花 2.一瓶红墨水 3.一把小刀

游戏魔法棒

1. 将一朵鲜花插在红墨水中约2天时间，直到花朵变色，花茎不再滴水为止。
2. 把花从红墨水中取出，用小刀切去一小截花茎。过一会儿，你会发现，花茎的切口处会滴下“鲜血”。

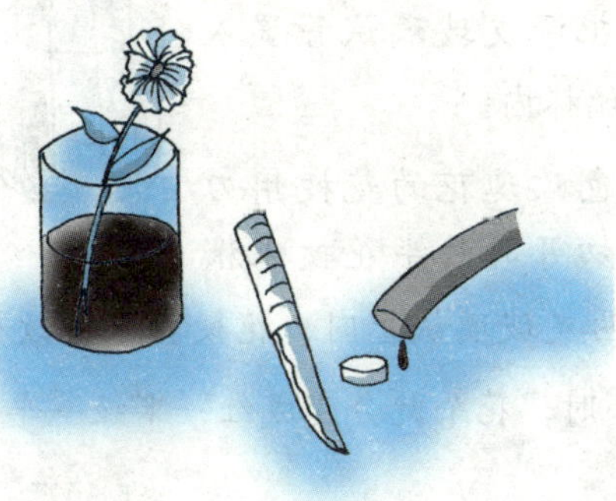

植物通过根和茎内极细的毛细管吸收水分，然后又将这些水分输送到其他地方。将白色的花朵插在红墨水中约2天时间，花茎充分吸收了红墨水。所以，当我们切开花茎时，茎内的红墨水便如同血液般滴落下来，看起来就像花在流血。

15.一朵花，两种色

花园里有各色美丽的花朵，可是你见过一朵花有两种颜色吗？我还真的见过，可就是不知道是怎么回事。

魔力工具箱

1.两支玻璃试管
2.一个玻璃杯
3.一枝白色玫瑰花
4.一把小刀
5.红色和绿色钢笔水各一瓶

游戏魔法棒

1. 用清水稀释绿色和红色的钢笔水，各灌到一个小玻璃试管中，然后把两支玻璃试管置入同一个玻璃杯内。
2. 把一枝白色玫瑰花的花梗用刀切开，把切开的两半花梗末梢分别放入两支玻璃试管内，花梗会很快改变颜色。
3. 只要几个小时，花朵就会变成红一半绿一半的双色奇花了。

（看起来像是魔术，其实还是有科学道理的！）

因为有色液体沿着花梗内平时从根部吸收水分和营养的毛细管道上升，颜色最后停留在花瓣上，而其中的液体则通过空隙散发到外表，这样你就会看到奇特而美丽的双色奇花了。

16.让苹果变色

刚切开的苹果，过一会儿就变色了，难道空气被污染了？

魔力工具箱

1.一把水果刀　2.一个苹果
3.一个玻璃杯　4.一袋食盐

游戏魔法棒

1. 往玻璃杯中倒入半杯水，然后加进食盐，搅拌成浓食盐溶液。
2. 将一个苹果用水果刀削去皮，平分成四份。
3. 把两份放在盘子里；把另外两份放在盛有浓盐水的杯中，浸泡5分钟左右。
4. 拿出来，也放在盘子里，再放5分钟。
5. 你会发现没有放入盐水中的苹果表面慢慢地变成了褐色，而用浓盐水浸泡过的苹果表面没有改变颜色。

（这有什么好奇怪的，你不懂说明你的知识面不宽。）

苹果去皮以后，里面的茶酚、氧化酶、过氧化氢酶等物质，与空气中的氧气接触会发生反应，形成一种褐色的物质，所以苹果在空气中放置一段时间表面会变颜色；而盐水能阻止或减缓这种变化的发生，所以，用盐水浸泡过的苹果在短时间内不会改变颜色。

17.茎弯曲的秘密

蒲公英是一种很特别的花朵，因为它的种子要靠"风爷爷"传播。同时它的茎也很特别，竟然能卷曲起来。究竟是怎么回事呢？一起来看看！很多人都玩过。

魔力工具箱　1.一朵蒲公英　2.一个装有200毫升水的玻璃杯

游戏魔法棒

1 将蒲公英的茎撕成条状。

2 把蒲公英插入玻璃杯。几秒钟后，发现刚刚撕开的蒲公英的茎都卷了起来。

植物贮存水分各不一样，有的贮存在根部，有的贮存在茎部，蒲公英的水分就贮存在茎干里面的肉质细胞，肉质细胞吸足水分后会变得坚强有力，以此来支撑花朵，维持生存。

当把茎干撕开的蒲公英放入水中时，茎干内部的肉质细胞吸满水分发生膨胀，这就使它比外部的茎干细胞长。当某个柔软的物体一侧比另一侧长时，就会发生卷曲。所以，充分吸收水分的蒲公英的茎会卷起来。

18.兔子耳朵的作用

我们人类的耳朵都长在脸庞两侧，但兔子的耳朵却和人类的不一样。到底有什么不一样呢？

魔力工具箱 一只兔子

游戏魔法棒

到动物园或者饲养场里，找一只小兔子，仔细观察。你会发现兔子的耳朵不但很长，而且长在头顶上。这是为什么呢？

在物竞天择，适者生存的自然界中，兔子是属于弱小的动物，很容易成为狐狸、狼、老鹰等口中的食物。为了能够及时地发现敌人，就需要发挥耳朵的作用，让其自如地活动，以便代替眼睛扩大搜索范围。为了让它的大耳朵能够自由地前后活动，还是让它长在头顶上比较好，如果像我们一样长在脸庞的两侧，当转头的时候，就会挡住视线，妨碍它发现敌情。

19.为什么向日葵向太阳

说起向日葵，我们大家都不陌生。但你认真观察过向日葵的生长过程吗？它和太阳之间还有一个小秘密呢？

魔力工具箱　一棵向日葵

游戏魔法棒

找一棵正在生长的向日葵，花半天的时间去仔细观察。你会发现，在晴朗的天气里，向日葵一天中会朝向不同的方向，并且一直面朝着太阳。好奇怪啊！向日葵为什么总是面向太阳呢？

向日葵之所以跟着太阳转，是因为它的茎部含有一种"植物生长素"。植物生长素特别喜欢背光生长，一遇到光线照射，背光部分的生长素会比向光的部分多。所以，当太阳东升时，向日葵花盘下面茎里的生长素集中在背光的一面，并且刺激背光一面的细胞迅速生长。于是，背光一面生长得快，结果使整个花盘朝向太阳弯曲。随着太阳的移动，植物生长素也在不断地背光移动，这样，我们就观察到向日葵花盘总跟着太阳转。

20.无根生长的原因

常言道：有心栽花花不开，无心插柳柳成荫。那么，真的随便插上的一根柳条就能长成一片柳荫吗？

魔力工具箱 一段刚从树上折下来的柳条或者杨树条

游戏魔法棒

1. 找一段刚从树上折下来的柳条或者杨树条，把它插在河岸上。
2. 过一段时间看看你会发现你插在河岸上的柳条或者杨树条成活了。

（这样都能成活，太不可思议了！）

这是因为在植物的根、茎、叶等器官内部的形成层和射髓组织里面，有很多分裂能力很强的细胞，这些细胞在环境条件适宜的时候，能迅速分解繁殖，形成根或芽的原始体，并逐渐发展成为新的根和芽。但是并不是所有的植物都可以这样成活，这要视植物的品种而定。

21.花生米的爆发力

小小花生米竟然能把玻璃杯撑破，它的力量真有那么大吗？这究竟是怎么回事呢？

魔力工具箱

1.花生米若干
2.一个旧铁皮罐
3.一个玻璃杯
4.一根筷子
5.石膏

游戏魔法棒

1. 在旧铁皮罐中放入适量的石膏，加水搅拌，直至搅拌成一份黏稠的石膏糊。
2. 把花生米放入铁皮罐的石膏糊中，并用筷子搅拌均匀。搅拌完后，把花生米和石膏糊的混合物倒入玻璃杯中。

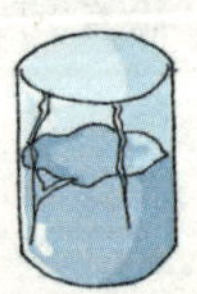

3. 第二天，发现玻璃杯的杯壁上出现了裂缝，过一段时间后发现，杯子竟然裂开了。

花生里都含有大量的亲水物质，很容易吸收石膏糊里的水分，吸水后体积就会膨胀，最终把玻璃杯给撑破了。

第三章

数学王国

“数学？我最不喜欢了！”这是小不点儿经常说的话，是不是也令你最头疼呢？其实，数学王国里也有很多经典的科学知识，只要你和小不点一样，勇于发问和学习，就能在游戏中体验数学的无穷魅力，从而玩转数学。

1.永恒的数字

做这个游戏，你会陷入数学游戏的圈套里——不管你从什么数字开始，最后总会得到4，神奇吧？一定要动笔写一写哦！

魔力工具箱　1.一张纸　2.一支笔

游戏魔法棒

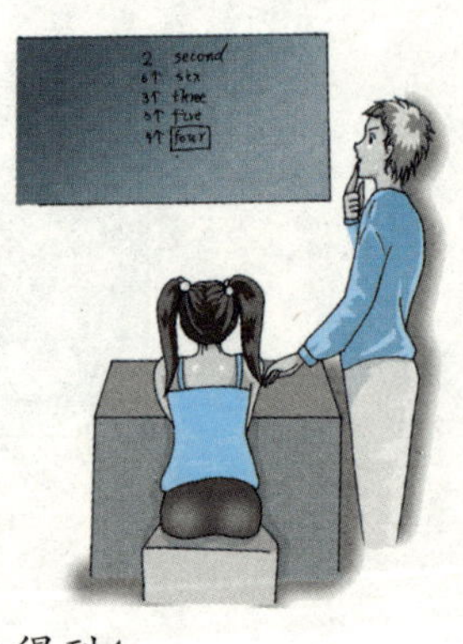

1. 随便想一个数字，用阿拉伯数字把它写在纸上。
2. 写下这个数字的英文，并数出字母个数，用阿拉伯数字写下字母的个数，再用英文写出这个数字。
3. 如游戏魔法棒2，以此类推下去，直到数字的数值与其所对应的字母个数一致为止。不管你从什么数字开始，最终你都会得到4。

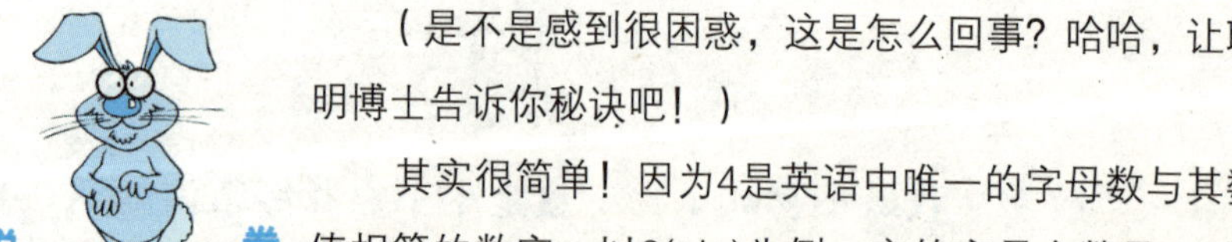

聪明博士的问卷

（是不是感到很困惑，这是怎么回事？哈哈，让聪明博士告诉你秘诀吧！）

其实很简单！因为4是英语中唯一的字母数与其数值相等的数字。以6(six)为例。它的字母个数是3；再写出3的英语单词three，它的字母个数是5，写出5的英文单词five，它的字母个数是4；再写出4的英语单词four，它的字母个数是4，其数值与所对应的字母个数就一致了。你可以再从其他数字开始，结果仍然一样。

2.神奇的三角形

我们知道，直角三角形中有一个角必然为90°，不可能出现三个角都是90°。但这种情况确实存在。不信，你就瞧瞧！

魔力工具箱 1.一支画笔 2.一只充满气的气球

游戏魔法棒

1. 用画笔在气球上画一个直角，取一个延长边，使其绕过气球的1/3。
2. 在延长线的终点处画第二个直角，延长它的另一条边至同样的长度。
3. 从第二个直角一边的延长线的重点开始画第三个直角，并延长它的另一边至第一个直角一边延长线的起点处。这样，就可以画一个三个角都是直角的三角形。

很显然，在平面上画一个三个角都是直角的三角形是不可能的。但在这个游戏中，你的三角形进入了三维空间。三维空间的数学规则与二维平面的数学规则是不一样的。所以，在气球上可以画出一个三个交全是直角的三角形。

3.平行线相遇

平行线就一定是直的吗？其实也可以画出两条交叉的平行线，你可以吗？

魔力工具箱　1.一张纸　2.两支铅笔　3.一卷胶带

游戏魔法棒

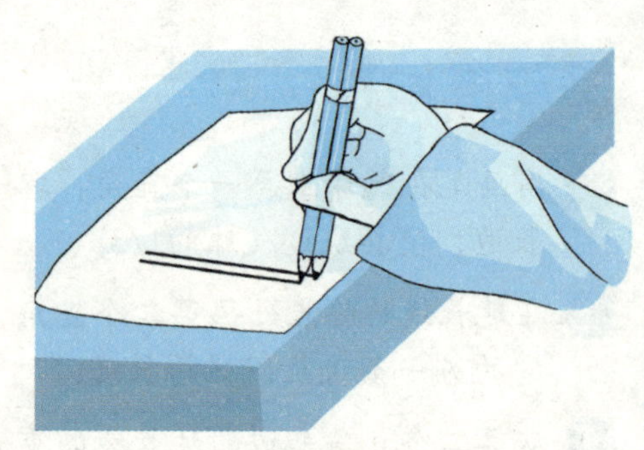

1. 将两支铅笔用胶带并排固定在一起。将这两支笔与纸面保持垂直，放在纸上。
2. 移动笔下的纸，你能画出一个“8”字形的平行线吗？（这样画出来的平行线是对的吗？）

（这样画出来的平行线也是对的。）

平行线就是两条距离始终相等的线，这是定义平行所需要的唯一条件。提到平行线时，我们都会想到两条直线，平行的直线只是唯一不能相交的平行线。实际上，除了笔直的平行线外，还有弯曲的平行线。

4.奇妙的现象

今天爸爸教给我一个很有趣的游戏，道具就是很普通的回形针。跟我来看看到底是怎么回事吧！

魔力工具箱　1.两枚回形针　2.一张长方形的纸

游戏魔法棒

1. 先把纸折成“S”形。
2. 然后用一枚回形针别住纸较短的一端的一个双层，再把纸的另外一个双层用另一枚回形针别住。
3. 用手抓住纸的两端快速向外拉。结果，两枚回形针不再夹着纸，而是跳出来，奇迹般地钩在一起了。

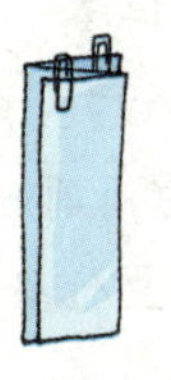

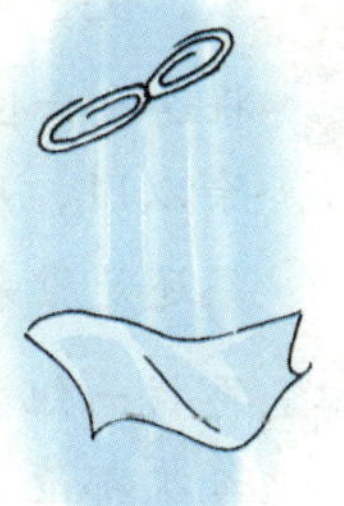

这是曲度转移的拓扑现象。当纸被拉直时，它折叠成的“S”形曲度被转移到回形针上。现在，我们再换一种方式，慢慢地拉动纸向外时，会出现另外一种现象，有时候回形针会钩在一起。这就是回形针的奥秘。

5.三位数迷宫

数学是我最头疼的科目了，可聪明博士非让我学数学，真是很无奈！没办法，还是先从简单的三位数开始吧！

魔力工具箱 1.一张纸 2.一支笔

游戏魔法棒

1. 用笔在纸上任意写一个三位数，再在它的后面续写上这个三位数，使它变成六位数。
2. 将这个六位数除以7，所得的商再除以11，所得的商再除以13。结果还是原来那个三位数。
3. 再找一组数字重新试一下，结果每次都能除尽，而且一定还能还原成原来的三位数。（怎么又变回来了？）

（很奇妙吧，你知道为什么吗？自己先好好想想。）

三位数的3个数字重复成六位数，等于将这个三位数乘以1001，而$1001 = 7 \times 11 \times 13$，所以六位数再除以7、11、13，实际是除以1001，结果自然是原来的那三位数。

6.巧解刁难

一位刁钻的顾客来到张师傅的煎饼铺前，说要用三刀把一张圆煎饼切成七块。张师傅思考了一会儿，真的完成了这个任务。听起来真难呀，那么张师傅到底是怎样做到的呢？

魔力工具箱 1.一支笔 2.一张圆形的纸板 3.一把直尺

游戏魔法棒

1. 在圆形纸板上任意画一条直线，这样就把煎饼切成了两块。
2. 画一条直线与第一条直线相交，这样就把煎饼切成了四块。
3. 第三次，再画一条直线与前两次画的直线相交，这样你就轻松把煎饼切成七块了。

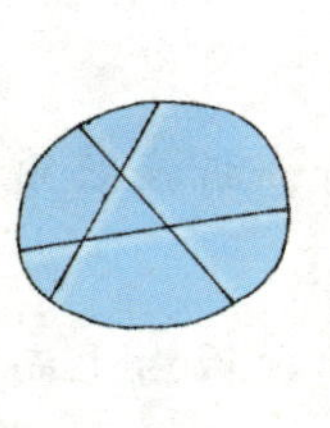

这是一个很典型的数学归纳法。以第三次切割为例，第三条切割线与前两条直线相交，那两条直线就把第三条线分为三条线段。这三条线段中的第一条，都把纸板的某一块一分为二。因此，每一条线段都使得纸板增加一块，三条线段也就使纸板增加三块。按照这个规律，继续往下切，你会发现每次切割所增加的块数，等于切割的次数。

7.硬币魔术

五毛钱的硬币和一元钱的硬币大小肯定不一样。但是，剪一个五毛钱硬币大小的洞，一元钱硬币竟然也能穿过去。这是怎么回事呢？

魔力工具箱

1.一张纸 2.一把剪刀 3.一枚五毛的硬币 4.一枚一元的硬币

游戏魔法棒

1. 在纸的中央剪一个五毛钱硬币大小的洞。
2. 将纸对折，折痕必须通过洞的直径。
3. 把一元的硬币由上而下，落入洞口，发现硬币无法下落。但如果将纸的两端朝中央靠拢提高，一元的硬币就会从洞中下落。这是怎么回事呢？

这里运用了拓扑学。拓扑学是解决物体表面问题的数学。将纸折叠并稍往中央靠拢，就可以把圆形变成椭圆。椭圆类似于圆，它有一个长直径和短直径。所以一元硬币可以从椭圆长直径穿过去。

8.有迹可循

这是一个很有意思的游戏，看似毫无逻辑的数字背后隐藏着一个可遵循的规律。那是一个什么规律呢？

魔力工具箱 1.一支笔 2.一张纸

游戏魔法棒

在纸上写这样一组数据：3，5，13，21，1，1，8，2，然后想想它们之间有什么规律。

喜欢和数字打交道的学生可能会从中摸出一些规律来，没错！它确实有规律可循。它们的正确顺序是：1，1，2，3，5，8，13，21。从这个顺序可以明显看出，前两个数之和等于后一个数，这就是世界上有名的斐波纳契数列。

9.算算氧气的体积

空气是由多种气体混合而成的。其中，氮气体积最大，其次是氧气。那么氧气占空气体积的比例为多少呢？

魔力工具箱

1.蜡烛　2.盘子　3.蓝墨水　4.火柴
5.标有刻度的大口玻璃杯

游戏魔法棒

1. 盘子里固定好一根蜡烛，倒一些水，再滴几滴蓝墨水。
2. 点燃蜡烛，再将一个大口玻璃杯的体积五等分倒扣在蜡烛上。
3. 蜡烛开始还在燃烧，慢慢火焰变小，不久蜡烛就熄灭了。
4. 接着你会看到盘中的水开始慢慢进入玻璃杯中，杯中的水的位置比盘中的水高出了一小部分，约占杯子体积的1/5。

当玻璃杯倒扣在装水的盘子上后，玻璃杯中的空气与外界空气隔绝。蜡烛在杯内燃烧，当耗尽了杯中的氧气之后，蜡烛就会熄灭，并且蜡烛燃烧形成的二氧化碳可溶解于水。这样，杯内的大气压小于外界的大气压，使杯内的水上升。因氧气的体积约占空气体积的20%，所以外界的水进入瓶中，约占杯子体积的1/5。用这个方法可以大致检验出空气中氧气所占的体积比例。

10.小游戏，大规律

纸条是我们最常见的东西，但它也可以玩出新花样。一起来玩玩吧！

魔力工具箱 1.一张纸 2.一把剪刀 3.一把直尺 4.一支铅笔 5.一瓶胶水

游戏魔法棒

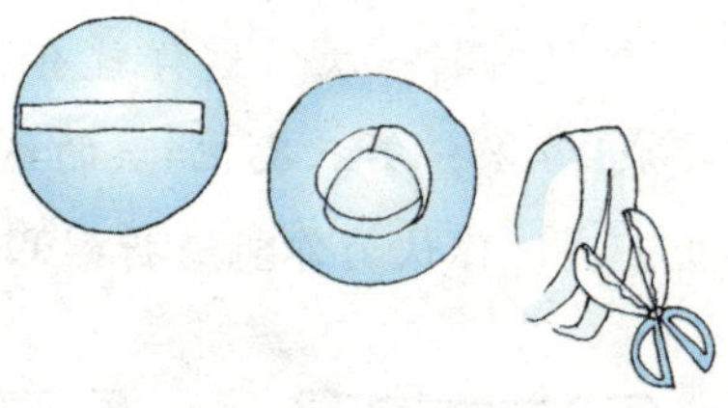

用直尺在纸上量出10厘米的长度，然后用剪刀把量好的纸条剪下来，将一端扭转180°，用胶水把纸两端粘在一起，形成一个环。用剪刀沿着纸环宽度的1/2处剪开（如果你的技术不够好，可以事先用铅笔画好路线），这样就形成了一个2倍长度、转折2次的纸环。把转折1次的纸环从宽度为1/3处剪开成3等分，想想会出现什么情况？

这是有名的数学拓扑游戏。在19世纪时被德国数学家费迪南德·麦比乌斯首次发现，所以以他的名字命名为麦比乌斯环。它只有一个面，不分上下，所以当你沿纸环的宽度为1/3处剪开成3等分，会出现1个大环和1个小环套在一起。

11.折纸谜团

这是一个暗藏陷阱的数学游戏，如果你不够仔细的话，说不定就掉进去了。

魔力工具箱　一张长方形的纸

游戏魔法棒

把纸对折一次，这样就有2层纸了；再把2层纸对折一次，这样就变成了4层；第三次把4层的纸再对折，这样就变成了8层。依次这样折下去，你认为你能够折到99层吗？

折出99层是不可能的。每折一次，纸的页数增加的方式属于几何级数。第三次折出8层，第四次就会折出16层，所以你根本不可能折出99层来。

第四章

自然万象

宇宙是一个包容万物的天体；天气是人们出行的伴侣；生活是我们的主旋律。在这章中，你既可以看到令人惊叹的宇宙世界，又能了解忽冷忽热的天气变化，还能用聪明博士教给你的科学知识解释生活中出现的各种奇怪现象。这绝对是一次赏心悦目的科学旅程。

1.日食解密

今天，爷爷给我示范了一次日食的现象！可有意思了，我把步骤记下来了。

魔力工具箱 1.一个乒乓球 2.一盏台灯（卸下灯罩）

游戏魔法棒

接通电源，打开台灯，闭上一只眼睛，将乒乓球拿到睁开的眼睛前面缓慢地左右移动。在移动的过程中，就会有瞬间看不见灯泡，不久又能看见灯泡的景象。

在游戏中，灯泡扮演的是太阳的角色，用手移动的乒乓球是月亮，睁开的眼睛是地球。当地球、月亮与太阳排成一条直线时，就会出现日食现象，也就是看不见太阳。

2.月亮的公转

我们在前面了解到，地球的自转现象引起了昼夜更替，那月亮会不会转动呢？如果会转动的话，对地球又有什么影响呢？

魔力工具箱

1.一个直径约1厘米的打孔珠子
2.一个内装沙土的沙包
3.一根绳子

游戏魔法棒

1. 用绳子的一端拴紧沙包；另一端穿过珠子的小孔，再打结拴紧。
2. 找一个空旷的地方，将小珠子举过头顶甩动，加速到一定程度后，松手向前甩去。仔细观察可以发现，沙包带着珠子一起向前飞行，并且珠子绕着沙包转动。

在上面这个游戏中，珠子较轻，沙包较重，珠子被沙包“吸引”着绕沙包转动，同时沙包也被牵动，二者螺旋式前进。同理，月球由于受到地球的引力，在地球围绕太阳公转的轨道上，围绕着地球公转，并对地球产生一股吸引力，引起潮汐现象。

3.如何成霜

在深秋、冬季或者春初的时候，早上我们在室外的一些物体上可以看到霜。那么霜是怎么形成的？

魔力工具箱

1.一个玻璃杯　2.少许冰块和盐　3.一支温度计　4.一块湿布　5.一双筷子

游戏魔法棒

1. 先把冰块装入玻璃杯中，再加入一些盐，用筷子搅拌使它们均匀混合。
2. 摊开湿布，在上面放上筷子，调整两支筷子的距离，以便玻璃杯可以稳稳地“站”在筷子上面。这时，我们可以测量一下玻璃杯中冰盐混合物的温度，它应该在0℃以下。
3. 过一会儿，在玻璃杯的外壁上就会出现白色的霜雾。这是因为玻璃杯外面的水蒸气遇到了0℃以下温度的杯子而在杯壁上直接形成的。

水有三种状态。常温状态下，它是液态，如果遇到低于0℃以下的温度，就会变成固态的冰。这里，我们所说的霜就是固态的一种。

在寒冷季节的夜晚，空气中的水蒸气遇到地面附近0℃以下的物体，就会直接在上面结成小冰晶——霜。如果空气中的水蒸气在空中受到0℃以下的温度而结成小冰晶，那么就形成了雪飘落下来。

4.行星的由来

太阳系有八大行星，它们的位置各不相同、特点也各不一样。那么，它们是如何形成的呢？

魔力工具箱

1.一个盛有水的脸盆
2.黏土和几块大小不同的小石头

游戏魔法棒

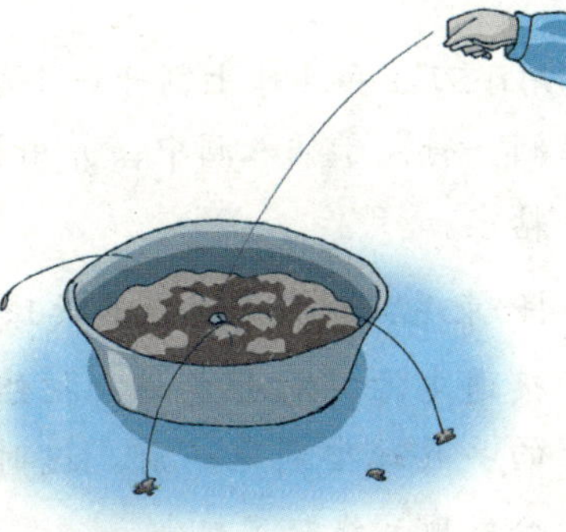

1 将黏土倒入脸盆的水里，和成黏稠状，使它带有黏性。

2 用小石头投掷脸盆边缘或者盆里的水，使得盆里泥浆被撞击出来，溅落到地上。

3 多换几个角度，用不同的力气和不同的石头试试，可以发现泥浆溅落在脸盆周围不同距离的地方。

在上面这个游戏中，脸盆里的泥浆代表太阳，小石头代表路过太阳的高速飞行天体。撞击假说认为，行星是由太空中的天体撞击太阳形成的。当高速飞行的天体撞击太阳时，太阳的一部分物质被抛洒到太空，经过漫长的演变后形成行星。溅落出来的泥浆大小、远近各不相同，就如同八大行星一样。

5.彗星的尾巴

彗星划过天空的时候，总拖着一条长长的尾巴，很像扫把，那它真的是“扫把星”吗？

魔力工具箱

1.一个乒乓球　2.一根筷子　3.一把小刀
4.3束毛线　5.一台电扇　6.胶带

游戏魔法棒

① 用小刀在乒乓球上割开一个小洞，将筷子插入洞中，并用胶带粘牢。

② 将3束毛线用胶带粘在乒乓球上。

③ 接通电源，打开电扇，把组合好的乒乓球举到电扇前。这时，你会发现毛线飘了起来。

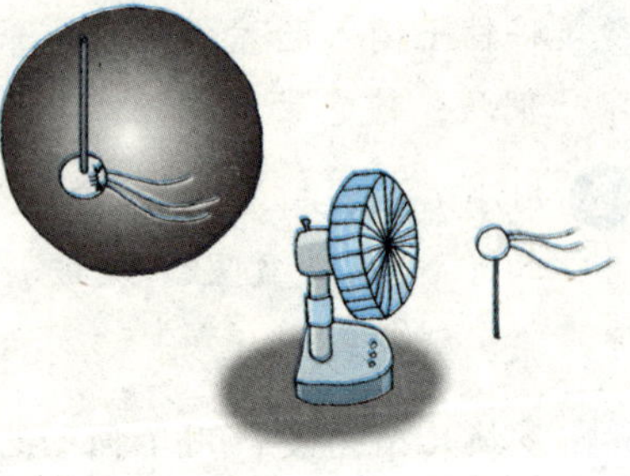

聪明博士的问卷

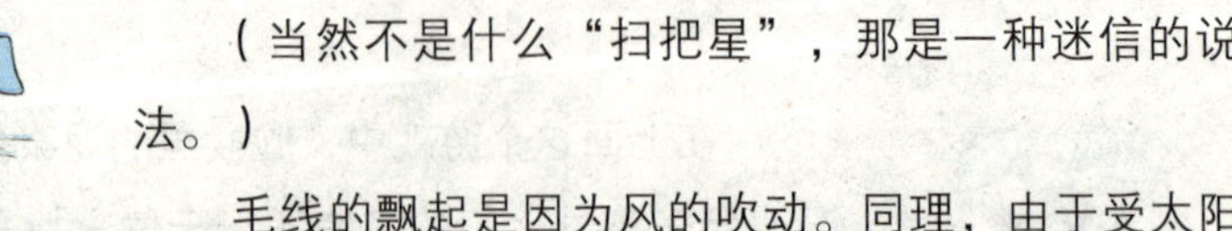

（当然不是什么“扫把星”，那是一种迷信的说法。）

毛线的飘起是因为风的吹动。同理，由于受太阳发出的强烈的太阳风的作用，彗星在绕太阳飞行的时候，自身散发出的气体就会被吹离太阳，朝着太阳相反的方向延伸，从而形成了我们所看见的带扫把的彗星尾巴。

6.地球也常常受伤

据统计，每年大约有500块陨石作为天外来客光临地球，给地球带来的“创伤”也是深浅不一。为什么陨石能把地球砸出坑来呢？（太可怕了，要是砸到人可怎么办？）

魔力工具箱 1.一个脸盆 2.一个玻璃球 3.适量细沙

游戏魔法棒

1. 把细沙倒在脸盆里，均匀地铺平。
2. 瞄准脸盆中央，向细沙里面投掷玻璃球，并仔细观察。
3. 把细沙弄平，走到较远的地方换不同的角度再投几次，仔细观察发现：玻璃球投掷的距离越远，速度越快时，砸在细沙上的坑就越深。

（放心好了，这些天外来客落到地球时体积都不是很大了。）

动量和物体的质量与速度成正比，所以高速运动的物体动量很大。在这个实验中，玻璃球投掷的距离越远，速度越快，细沙表面的坑就越深。因此，高速飞行但体积不大的陨石能在地球表面上砸出许多深浅不一的陨坑来。

7.岩石的形成原因

野外游玩时，随意留心一下脚下的路，发现路上既有泥土，又有石头，悬崖边还有大块的岩石。地球上为什么会有那么大块的岩石呢？

魔力工具箱

1.一个大可乐瓶　　2.一个圆规
3.一个空胶卷盒　　4.一枚大头针
5.一把小刀　　6.水和油

游戏魔法棒

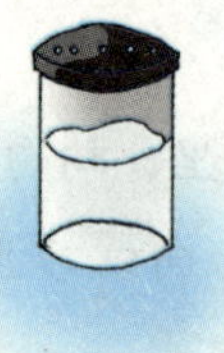

1. 先用小刀把可乐瓶从中间切段，留下半部分，并注入一半的水。
2. 将油罐进胶卷盒，并用圆规在胶卷盒上扎5个洞。
3. 将大头针扎入胶卷盒的盖子上，捏着大头针，将胶卷盒推入可乐瓶的底部。结果油从胶卷盒的洞口冒出，飘在瓶子的水面上。

由于油的密度比水小，因此油滴会漂浮在水面上。地球内部由岩石构成。由于地球内部温度很高，当一种岩石受热之后就会变形，其比重就会比周围其他岩石小，于是就形成了固体的岩滴。这些岩滴不断向地表挤伸，其热量也不断软化地壳。当岩滴累积到一定程度，它就能突破重重阻碍来到地表，形成我们看得见的岩石。

8.月亮百态

你见过多少种姿态的月亮？是圆的？是半圆的？还是月牙状的？为什么月亮会有那么多种姿态呢？

魔力工具箱 1.一盏台灯 2.一个小皮球 3.一支铅笔

游戏魔法棒

1. 打开台灯，站在灯泡的周围。将铅笔的一端插入小皮球中。
2. 在距离灯泡半米远的地方举起皮球，缓慢移动皮球，使其绕头旋转一周，可以发现随着皮球的移动，皮球上的阴影也在不断地发生变化。

聪明博士的问卷

（怎么样？是不是觉得很神奇？）

在这个游戏中，皮球代表月亮，灯泡代表太阳，自己的头代表地球。皮球上的阴影从无到有、从少到多，再从多到少，从有到无。这说明随着月亮围绕地球转动，其相对位置不停地变化，反射太阳光的部分有时增加，有时减少。所以，从地球上看，移动的月亮会出现不同的月相。

9.闪电是怎样形成的

小孩都很害怕雷雨交加的夜晚，不仅仅是轰隆隆的打雷声让他们害怕，威力无比的闪电更让他们心惊胆战，好像整个世界都发生了变化……

魔力工具箱 邀请你的两个朋友和你共同玩这个游戏

游戏魔法棒

在一个雷电交加的天气里，仔细观察天空，你会发现在电光一闪的一刹那，刚才还是活跃的街道一下子变得静止了。等闪电过后，一切又恢复正常了。这是怎么回事呢？是我们的眼睛出了什么问题吗？

这是因为闪电的持续时间非常短。据科学统计，闪电每次持续的时间只有千分之一秒，在这样短的时间里，物体位置的移动是不容易被人眼察觉的。所以，刚才还很热闹的活跃的街道当我们在千分之一秒的时间里观察时，运动着的车子和静止的没有什么区别。另外，由于印象留在视网膜上的时间要比闪电持续的时间长得多，因此这也增强了静止的印象。

10.一起来做晴雨花

最近天气变化无常，要是能自己预测天气就好了。

魔力工具箱 1.一张粉红色的纸 2.水 3.食盐 4.一盆花

游戏魔法棒

1. 用一张粉红色的纸，做成一朵纸花，在花瓣上涂上浓盐水。
2. 再把纸花插到花盆里。
3. 然后通过观察纸花颜色的变化，就可以知道天气变化情况：花的颜色变淡，天气一定会放晴；花的颜色变深，会出现阴天或雨天。

（是不是感觉很奇妙呀？还是让我来告诉你吧！）

用浓食盐水浸泡过的纸花，容易吸收水分。阴天，气压低，空气的湿度大，纸花吸收水分会显得深一些；晴天气压相对较高，纸花吸收不到水分就会显得淡一些。

11.掌中解决北极星的高度

用手也能测量北极星的高度？太不可思议了。这可能吗？

魔力工具箱　邀请你的两个朋友和你共同玩这个游戏

游戏魔法棒

1. 白天，在室外找一个可以看到北方地平线的地点，做个记号。
2. 找一个晴朗而且没有月亮的晚上，站在之前做过记号的地方，在北方天空找到北斗星。顺着北斗七星勺口外缘两颗星连成的假想直线，就可以找到北极星。
3. 用你的手测量北极星在水平线上的高度，这个高度就等于你所在地区的纬度。例如，如果你量出北极星在地平线上有5个拳头高，那表示它在水平线上50°，因此你所在的纬度就是北纬50°。

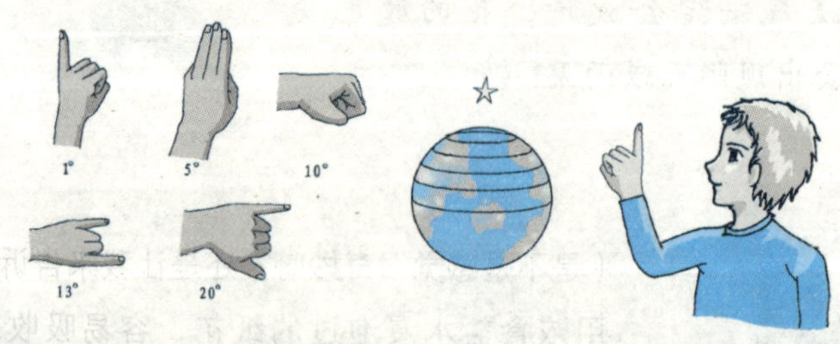

由于北极星位于北极的正上方，它在天空的高度几乎和你在地球上所在地的纬度相同，所以你可以用手测出来的高度计算出北极星的纬度。下面这些手势表示北极星所在的纬度。

12.用手表做指南针

我们知道罗盘对我们的生活很重要，尤其是出外郊游的时候。那么，我们自己可以做一个简易罗盘吗？

魔力工具箱 一块手表

游戏魔法棒

1 把手表摆平，让时针正好指向太阳。

2 把时针和数字12之间的区域用一根火柴一分为二，火柴头指示的方向恰是正南。

（是不是很奇妙呀？还是让我这个聪明博士告诉你原因吧！）

由于地球自转，所以太阳24小时绕地球“行走”一圈。手表的时针将在表盘上旋转2圈。所以上午我们要把从时针到数字12之间的距离一分为二，而下午则把从数字12到时针的距离一分为二。火柴始终指向正南。而在中午12点时，时针和数字12都指向了南方的太阳。

13.鸡蛋生熟的区别

两个外表毫无差别的鸡蛋混在一起，你能分辨出来哪个是生鸡蛋，哪个是熟鸡蛋吗？这里教你一个简单的方法。

魔力工具箱

取两个外表毫无差别的鸡蛋，一个是生的，另一个是熟的。

游戏魔法棒

将两个鸡蛋在桌子上放稳，然后仔细思考，用一种最简单的办法把它们分辨出来。

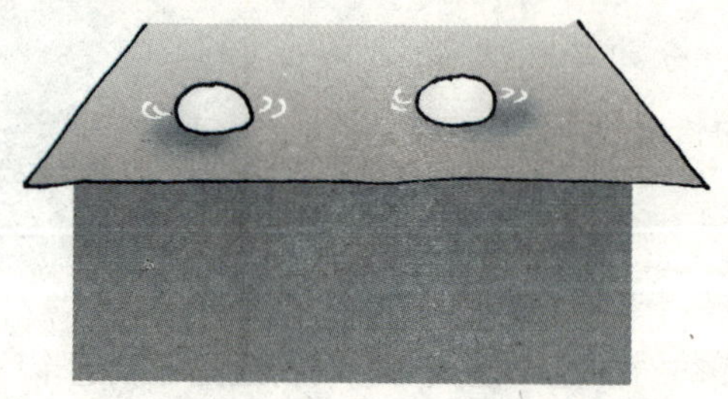

我们知道，固体的状态比较固定，而液体的状态则比较不固定。因此，分辨生熟鸡蛋最简单的办法就是：旋转鸡蛋，容易转起来的是熟的，而很难旋转的是生的。因为，煮熟的鸡蛋蛋白和蛋黄是一个整体，容易转动，而生鸡蛋的蛋黄和蛋白是液体，所以转起来比较困难。

14.保鲜黄瓜的窍门

我奶奶非常节俭，什么东西都不舍得扔掉。有时候，一些放久了的黄瓜都霉烂了。博士，有没有办法让它们不烂呢？你快告诉我一个办法吧，因为我实在不能说服奶奶把它们扔掉。

魔力工具箱

1.一根黄瓜　2.食盐　3.一把勺子
4.一把水果刀　5.一个盘子

游戏魔法棒

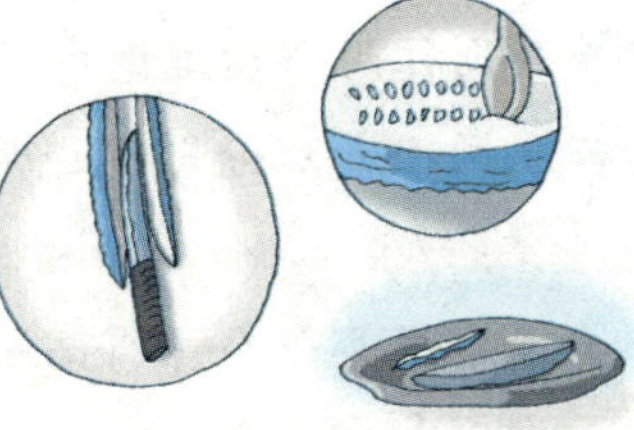

1. 先用水果刀在黄瓜的1/3处切下，用勺子把切下来的黄瓜中间的瓤挖空，并在挖空的地方撒上食盐。
2. 把撒上食盐的黄瓜头朝上，与未撒食盐的黄瓜一起放入盘中。
3. 三天后，被挖空的黄瓜渗出许多盐水，黄瓜也由此变得干瘪，但却没有坏掉。而未撒食盐的黄瓜早已腐烂了。

（当然有啦！）

撒入食盐的黄瓜之所以没有坏掉，是因为黄瓜细胞里的水分子能穿过细胞壁，进入被黄瓜表面的水分溶解的浓盐水中，进而降低盐水的浓度，使黄瓜大量失水，变得干瘪。而没有撒食盐的黄瓜由于本身的水分很足，导致自身中的有害微生物滋长，使其腐烂。由此看来，食盐能把食品里的水分除去，阻止食品中微生物的生长，使食品不易腐败，这就是用食盐腌过的食品可以放很久而不会变坏的原因。

15.挑选西瓜的绝招

夏天，能吃上香甜可口的西瓜真是一件美事，可是如果我打开的是一个不熟的西瓜，那就有些失望了。有没有什么方法能识别呢？

魔力工具箱 1.两个西瓜 2.两个盆 3.水

游戏魔法棒

1. 分别往两个盆里倒水。
2. 把两个西瓜分别放进两个盆里。（一定要有足够的水让西瓜漂起来。）
3. 在水里哪一个漂得高一些，它就更熟一些。不太熟的西瓜在水中会沉得深一些。

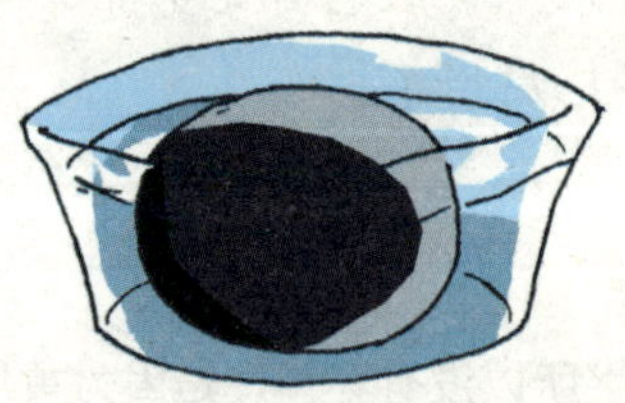

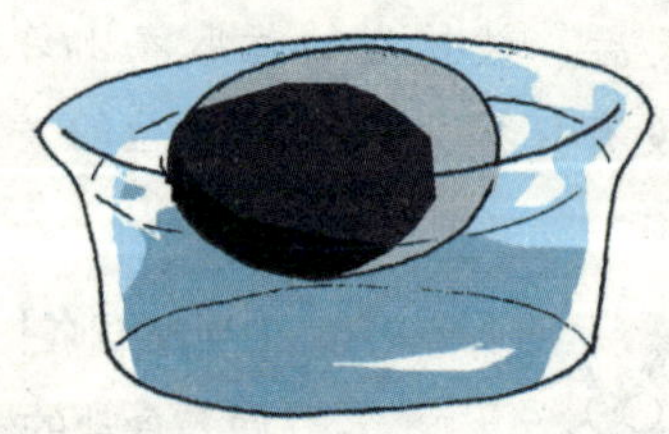

（想吃熟西瓜的同学就认真听我说吧！）

西瓜成熟的程度不同，其密度也就不同。西瓜生长到一定程度时，就不再长重了，而是继续长大一些，密度就会越来越小。也就是说，西瓜的密度越小，它的成熟度越高，就会在水中浮得高一些。

16.给香烟施压

抽烟的人都非常痛苦，因为他的肺部总是受到香烟中有害成分的袭击。现在，聪明博士也给香烟一点“痛苦”，那香烟的痛苦究竟是什么呢？

魔力工具箱 1.一支较长的香烟 2.一小张塑料纸

游戏魔法棒

1 将香烟卷入塑料纸，把两头拧紧。

2 就像给绳子打结一样，你也可以给香烟打结。而且摊开后，还是一支完整的香烟。（为什么会这样呢？香烟不怕“疼”吗？）

原因很简单。如果没有外面的塑料纸，很显然香烟立即就会被扭断，因为香烟中的烟丝，会在压力最大的地方把烟纸捅破。但是，包上塑料纸以后，由于卷得结实，所以它的压力分散到了整支香烟上。把结打开并把纸展开后，发现香烟并没有被损坏。

第五章

光之谜

光就像人类的宠儿，它绮丽的色彩、变幻的“妆容”博得人们万分喜爱。但是，它也有变脸的时候，一会儿放大，一会儿缩小，一会儿倒立，又一会儿藏起来，真是一个“百变大王”。不过，如果你掌握了足够多的科学知识，对于解释这些“小儿科”现象就不觉得难了。

1.天之蓝

晴朗的天气，万里无云，天空真蓝呀！可是天空为什么这样蓝呢？

魔力工具箱 1.玻璃杯 2.少许牛奶 3.滴管 4.玻璃棒 5.手电筒 6.一张黑色的纸

游戏魔法棒

1 在玻璃杯里，灌大半杯水，用滴管滴一滴牛奶，并用玻璃棒将牛奶搅匀。

2 拿一只手电筒，用黑纸遮住手电筒的玻璃，在黑纸上挖一个孔，手电筒的光可以从小孔中射出去。

3 先把手电筒紧贴在玻璃杯的侧面，打开开关。你要从杯子另一侧，也就是从光线垂直的方向进行观察，发现乳白色的溶液变成一片浅蓝色。（好神奇啊！）

空气中有许多微粒无规则地散射着太阳光，牛奶中也有许多微粒在散射着手电筒的光。而且频率越高的光线，被散射得越厉害。红光的频率较低，蓝光的频率较高。因此杯中的液体会变成浅蓝色，天空是蓝色也是同样的道理。

2.水滴的奇妙之处

小小的水滴也能有放大镜的功能哦，做个小游戏你就会发现其中的奥秘了。

魔力工具箱

1.硬纸片 2.胶带 3.透明薄膜
4.小花 5.手电筒

游戏魔法棒

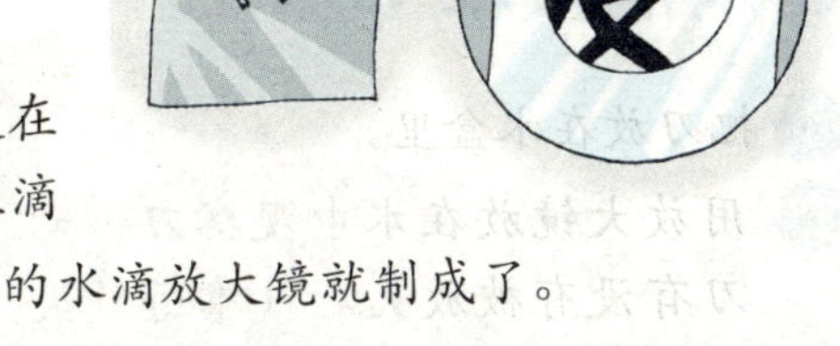

1. 在硬纸片的中间钻一个小孔，把透明薄膜盖在小孔上。
2. 用胶带把薄膜的四个角固定在硬纸板上。小心地在薄膜上滴上几滴水，这样，一个简单的水滴放大镜就制成了。
3. 在纸片下面放一朵小花，将纸片侧边折叠，与花朵保持一定距离，不要完全覆盖在上面。
4. 打开手电筒，光线对准水滴观察图像(若图像不清，有可能是纸片和花朵之间的间隔不合适，可作适当调整)，你就能发现花朵被放大了。

聪明博士的卷问

水滴滴在薄膜上，中间厚，四周薄，就形成了一个凸透镜。把这个凸透镜放在书上，因为距离书很近，因而它的物距就会小于它的焦距，根据凸透镜成像原理，此时就会在同侧成放大的正立的虚像。因而，我们用这个凸透镜来看书本上的字时，书上的字就被放大了。

3.当放大镜遇到水

我们知道，放大镜可以帮我们放大物体，那么放大镜在水里还有放大的作用吗？

魔力工具箱 1.放大镜 2.水 3.刀

游戏魔法棒

1. 把刀放在水盒里。
2. 用放大镜放在水中观察刀，看刀有没有被放大。（难道放大镜不会放大了？）

原来，放大镜的原理是取决于玻璃的曲率和光在空气与玻璃中传播的速度差。而水和玻璃中的光速差没有空气和玻璃中的大，所以放大镜不能有效地放大图像。

4.小孔成像

有时候我们的眼睛会说谎，明明窗外是正立的风景，通过小孔怎么会变成倒立的呢？

魔力工具箱 1.鞋盒 2.一张透明空白的描图纸或者硫酸纸 3.胶带

游戏魔法棒

1 把鞋盒的盖子去掉，用胶带将描图纸绑在鞋盒空的那一面，尽量保持平整光滑。

2 在描图纸的对面纸板上开一个小圆孔，找一个有阳光透进来的窗户，把小孔一面朝向阳光，适当移动鞋盒的位置，直到描图纸上出现清晰的影像为止，此时的影像就是倒立的。

这是因为光线直线传播的缘故，光源发出的光是向四面八方传播的，它的各个发光点发出的光束中，都只有一束光线从窗外直线进入小孔(其余的光束被鞋盒挡住了)，窗外景象上部的光线穿过小孔直线到达描图纸的下端，而窗外景象下部的光线穿过小孔直线到达描图纸的上端，所以当窗外景象的光线经过小孔到达描图纸的时候，上下光线出现交叉，我们通过描图纸来观看的话，就成了上下颠倒的影像。

5.变化多端的水

什么水才称得上是“魔术”水呢？是能变出金鱼的水，还是能变出天鹅的水？

魔力工具箱

1.一个透明的玻璃杯　2.少许红墨水
3.一个滴管　4.一盏台灯

游戏魔法棒

1. 往玻璃杯里倒1/3的水，用滴管吸少许红墨水放入杯中。举起杯子朝向台灯，透过杯子看去，水的确是粉红色的。
2. 当你把杯子移开灯光，水的颜色变成了绿色。（这是怎么回事呢？这是在玩魔术，还是我的幻觉？）

（哈哈，这既不是魔术，也不是幻觉，而是科学。）

第一次我们看到的粉红色，是透射光；而第二次我们看到的绿色，是光线从杯中反射出来的光。

6.鱼缸怎么了

刚刚从外面买回来的一缸金鱼怎么老是冒泡？难道水有问题？

魔力工具箱 1.鱼缸 2.两三条金鱼 3.几束水草

游戏魔法棒

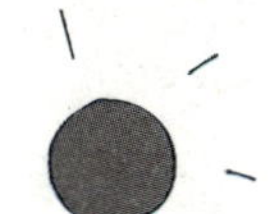

1 先把金鱼放进鱼缸，然后注入适量的水。

2 把水草放入鱼缸，然后把鱼缸搬到有阳光照射的地方。

3 过一小时后，再来观察，发现鱼缸总是冒泡。

4 把水草拿出，再放一小时，发现鱼缸已经没有泡泡了。（难道问题出在水草上？）

（你说得没错，问题就出在水草上。）

无论是小河里的水草，还是家中鱼缸里的水草，它们总是时常地冒出些泡泡。原来，在阳光照射下，水草要进行光合作用，吸进二氧化碳和水，放出氧气。所以，我们看到的那些小泡泡，其实就是水草放出的氧气，而不是水有问题。

7.绝密信

怎样才能写一封自己能看到而别人看不到的秘密信件呢？

魔力工具箱 1.一瓶含荧光剂的无色清洁剂 2.一盏紫光灯 3.一根棉签

游戏魔法棒

1. 把棉签当成笔，把清洁剂当成墨水，把你的手臂当成纸。用棉签蘸清洁剂在手臂上写下几个字。
2. 等它变干以后，看看能看到什么，其实什么也没有。
3. 打开紫光灯，把写上字的手臂放在紫光灯下，噢，你手臂上的字闪闪发光，你看到密信了！（看起来真奇妙！）

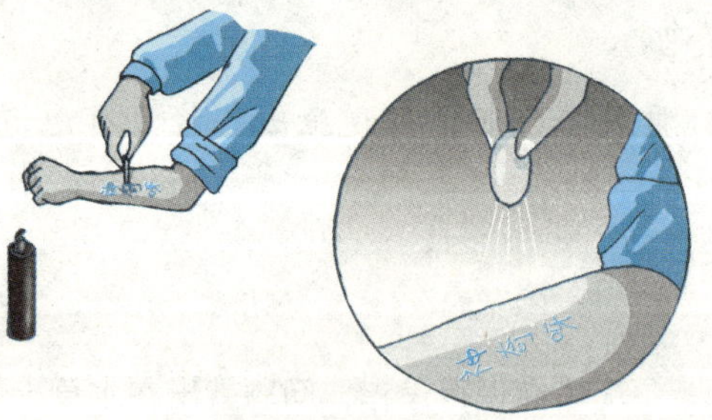

大部分清洁剂都含有一种叫做荧光剂的化学物质。而紫光虽然看起来很暗，但其中包含一种肉眼看不见的紫外线。当它照射在荧光材料上时，就会变成可见光。所以，手臂上的字在白光下看不见，但因为里面含有荧光剂，被紫光一照就“原形毕露”了。

8.这个你知道吗

我们经常在通风、有阳光的地方晾衣服。可是不同颜色的衣服哪个先干？

魔力工具箱

1.一盆水 2.一件白衣服 3.一件黑衣服
4.两个晾衣架

游戏魔法棒

1. 分别把黑色和白色的衣服在水里浸湿。
2. 然后把黑色、白色的衣服晒在有阳光的地方，会发现黑衣服先干了。

在同样的条件下，不同颜色的物体对太阳光的热的吸收能力是不同的。白色的衣服吸热慢；黑色的衣服吸热快，所以就会先干。

9.留住空气

空气到处都有，可是我们看不见，摸不着。那么谁能抓住空气呢？

魔力工具箱

1.一个塑料袋 2.一个空瓶子
3.一个装有水的塑料盆
4.一根细线（也可以用橡皮筋代替）

游戏魔法棒

1 把敞口的塑料袋袋口朝下，用力一拉，塑料袋里就会有些空气，把袋口扎起来，用手一挤，就会感到空气的存在。

2 把一个空瓶子瓶口朝下，垂直地插入装水的水盆里，空瓶子里就会有空气，这样就把空气抓到瓶子里了。

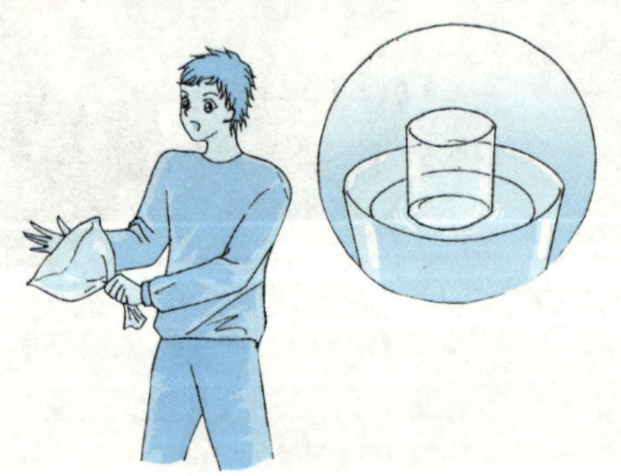

空气无处不在，但在没有实验前，我们似乎没有察觉到空气的存在。上面的两种方法都可以抓到空气。敞口的塑料袋袋口朝下向下拉，有一部分空气就挤到了里面；瓶口向下插入水中，瓶内的空气出不去，也就留在了瓶子中。

10.这也是“眼镜”

放大镜对我们而言并不陌生，可我们能不能自己做一个简易的放大镜呢？

魔力工具箱 1.一张黑色的纸板 2.一枚大头针 3.一张报纸

游戏魔法棒

1. 用大头针在黑色的纸板上刺一个孔，紧靠在眼睛上进行观察。
2. 拿一张报纸放在前面，上面的字迹就会大起来，更加清晰。（这是怎么回事？）

这一现象的原理首先是来自光线的所谓“衍射”，进入小孔的光线被拉长，所以报上的文字被放大，上面的清晰度，来源于小孔成像原理——类似照相机的光圈——只有细长的光束可以通过，而干扰清晰度的边缘光线一律被挡在外面。这个小孔设备，必要时可以当眼镜使用。

11.镜子也要有心情

只要能完整映照出影像的东西，我们都称它为镜子，可有些“镜子”并不能时刻都映照出影像。这是怎么回事呢？

魔力工具箱 一张平整的铝箔（可以取香烟盒中的包装纸，记住要平整的铝箔纸）

游戏魔法棒

仔细观察铝箔的正面，你会发现它的正面闪闪发光，非常明亮。用铝箔的正面照一照你的脸，可以看到平整的铝箔就像一面镜子，很清晰地照出了你的头像。但是如果把铝箔揉成一团，然后展平，再照一照你的脸，你就会发现头像不见了。为什么平整的铝箔可以当镜子，而揉皱的就不行呢？

这是因为当光线投射到一个光滑平整的平面上时，这个平面就会以同样的角度将光线反射回来。没有揉皱的铝箔就是这样一个光滑平整的平面，头部投射到铝箔上的光线会原路返回，因而从铝箔上能够比较清楚地看到镜像。然而，揉皱的铝箔会向不同的方向反射光线，此时，铝箔上就无法形成一个完整的镜像。

12.让气球自己爆炸

想引爆一个气球很容易，用一根针就可以，但是用放大镜引爆你试过吗？

魔力工具箱 1.放大镜 2.气球 3.细线

游戏魔法棒

1. 吹起一个气球，用细线把它捆好，缠在有阳光的小草上。
2. 用放大镜迎着太阳，把聚焦过去的光线照到气球上，过一会儿气球就会自己爆炸。（放大镜真厉害！）

气球引爆的原因其实很简单，就是利用了放大镜聚焦的原理。阳光照在放大镜上，经放大镜的折射就会形成一个焦点，但要经过多次移动，才能使焦点正好落在气球上。焦点的温度很高，时间长了，气球温度就会越升越高，当达到气球燃点时，气球就会被引爆。（不过做这个游戏时一定要注意安全，不要离气球太近。）

13.神奇的面孔

聪明博士说纸张也可以变魔术，能够让你的脸一半变黑一半变白哦！我还真有点不相信。

魔力工具箱

1.一张白纸　　2.一张黑纸
3.一只手电筒　　4.一面镜子

游戏魔法棒

1 找一个没有光线的房间，关上电灯、拉上窗帘。

2 坐到镜子前面，然后打开手电筒，并把手电筒放在脸的左边，让光照在你的鼻子上。

3 把黑纸放在脸的右边，正对着手电筒的光，可以看到镜子中你脸的右边几乎一片漆黑。

4 再把白纸放在脸的右边，从镜子中可以看到你脸的右边好白呀！（你的脸怎么会改变颜色呢？好奇怪。）

原来白纸能够反射光线，也就是说，当手电筒的光照过来时，它把光重新反射到了你的脸上，照亮了你靠近白纸的脸。而黑色的纸几乎不反射光线，它会吸收大部分的光。当手电筒的光照到你的鼻子上之后，被你的鼻子反弹了回来。而照在黑纸上的光无法把光线反射回来。所以，除了鼻子，你脸上的左边部分还是一片漆黑。

14.色彩跑了吗

你会变魔术吗？这个游戏让圆盘上的多种颜色变成单色，是不是很奇妙，开始动手吧！

魔力工具箱　1.白纸板　2.彩笔　3.铅笔　4.剪刀

游戏魔法棒

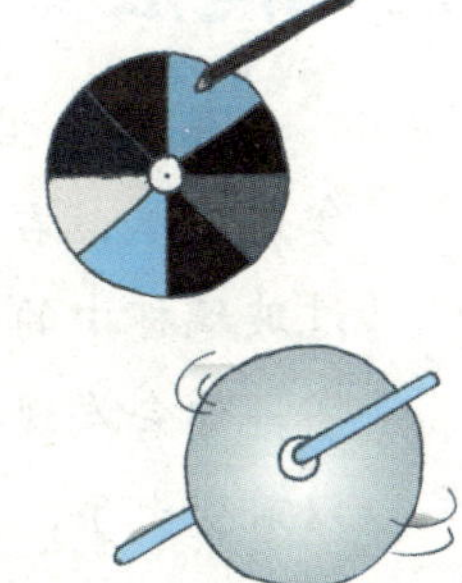

1. 把白纸板剪成一个直径为10厘米的圆盘，用彩笔按图画出鲜艳的颜色。
2. 把圆盘贴在用纸板做的半截线轴上，中间插入半截铅笔，让它旋转。
3. 这时你会发现，陀螺像中了魔法一样，所有的色彩均消失不见，整个圆盘变成了灰白颜色。（明明做的是彩色的，为什么我们看到的却是灰白色的呢？）

原来，圆盘上的颜色和太阳光谱一致。圆盘旋转时，我们的眼睛在瞬间分别接受了各种颜色。但我们的眼睛适应于惯性，不可能跟上如此飞速变化的颜色，所以，向大脑传递的信息，就只是白色或浅灰色的表面。

15.多用玻璃

玻璃和放大镜是两个不相干的物体，怎么可以变呢？难道有什么秘诀？

魔力工具箱　1.玻璃杯　2.报纸

游戏魔法棒

在水杯里装入水，左手拿起报纸，右手端起水杯，透过玻璃杯中的水看看报纸上的字，你会发现报纸上面的字比以前变大了，这是为什么？

这是由光的折射引起的。光线从物体上反射回来进入玻璃或水之后，会发生折射。玻璃的表面不一样了，折射出来的光线就有不同的角度，看起来物体就会有不同的变化。当太阳光射到玻璃杯后，玻璃杯的侧面便使水形成一个弯曲的表面，就像一个中间厚边缘薄的放大镜，因此透过玻璃杯看字就比原来的大了。

16.教你计算春天的脚步

哎！冬天太冷了，春天怎么来得这么慢？

魔力工具箱

1.一杯深色的土和一杯浅色的沙
2.一个耐热的玻璃盘 3.两支温度计
4.一盏台灯 5.一支铅笔 6.一张纸

游戏魔法棒

1. 把玻璃盘放在台灯旁边。盘子的一半装深色的土，另一半装浅色的沙。
2. 在土和沙上各插一支温度计，在纸上记下两边的温度。
3. 打开台灯，让灯光照射盘子半个小时，然后比较两支温度计上的温度，结果发现深色的土比浅色的沙温度高许多。

深色的物体对光及热的吸收力强于浅色的物体。因此，在同样的光的照射下，对光反射力较强的浅色沙温度会低一些。太阳光照射在地球上，会有同样的效果。土壤为深色的地区吸收热量多，很快就升温。土壤为浅色的地区则更多地把光反射出去了，温度升得很慢。所以，春天的脚步总是有快有慢。

17.偶镜的特别之处

喜欢照镜子的人都知道，从镜子中看到的字都是反向的。但是，这里有一个方法可以让你在镜子中看到正向字体。想知道怎么做吗？

魔力工具箱

1.两面长方形的小镜子　2.胶布（或牛皮纸）
3.报纸（也可以用闹钟）　4.桌子

游戏魔法棒

1 用胶布从镜子的背后把它们粘好，像书一样能自由地开合。粘的时候两面镜子中间留一点缝隙。这种镜子叫偶镜。

2 把两面镜子立在桌子上，让它们像两堵墙一样相互垂直。

3 将报纸放在偶镜前，观察镜中的字。你会发现，镜中的字变成正写的了。

4 用偶镜来照一下你自己，你会看到，两面镜子各照出你半个面孔，偶镜的中线恰好在整个脸庞的中间。为什么从偶镜中看到的像是和实物一样的呢?

原来你从偶镜中看到的像是经过两面镜子先后反射所形成的。每面镜子都把像颠倒一次，经过两次反射，像也就颠倒两次，变得和原来一样了。

18.未卜先知的方法

不打开信封，我也有办法看到信的内容，因为我能通过一些物质“透视”，你想知道我的秘密吗？

魔力工具箱 1.一封信 2.一瓶发胶

游戏魔法棒

在信封表面喷上发胶，过一会儿，你就会发现信封好像变得透明了，可以清楚地看到信的内容了。几分钟以后，信封就会慢慢恢复原样。这是怎么回事呢？

光在不同的物质里传播的速度不同，这就使得当光从一种物质进入另一种物质时，会在两种物质的临界处发生弯曲。纸张是由纤维构成的，当光线进入纸张时，会在纤维和空气的交界处转向，所以光线只能在纸的内部四散开来，人的肉眼不能透过信封看到里面的字迹。当你在信封表面喷上发胶时，纸张内部的空隙充满了一种可以与纤维以相同速度传导光的物质。现在对光来说，信封变成了一个质地均匀的整体，所以光通过时既不会弯曲也不会发散，信封变得透明，里面的字迹就可以看到了。

不过大家要记住，偷看他人的信件是侵犯隐私权的，不得滥用。

19.镜子和纸比赛

在一间黑屋子里，用手电筒照射一面镜子和一张白纸。你想，是镜子亮还是白纸亮？不要忙着下结论，先来观察一下吧！

魔力工具箱 1.镜子 2.白纸 3.手电筒

游戏魔法棒

1. 用手电筒照射白纸，发现白纸只能发出微弱的光。
2. 用手电筒照射镜子，发现镜子看起来一片漆黑。这是什么缘故呢？

原来，光滑的镜子只能规则地反射光线，一束光线遇到镜面以后，虽然改变了前进的方向，但是它们在新的运动方向上仍然是整齐前进的。如果你的眼睛不在这个方向上，镜子的反射光就一点都不会进入你的眼里，所以镜面看上去是漆黑的。只有把镜面转到某一个角度，使它反射的光正好进入你的眼睛的时候，你才能看到耀眼的光芒。当一束光线照在白纸上，虽然对于每一条光线来说，光的反射定律都是适用的，但是由于纸的表面凹凸不平，光束就会被反射到许多不同的方向，这就叫漫反射。

20.教你一招

你可以对着镜子中的电视机发号施令，镜子中的电视机也很听话哦！邀几个好朋友一起来玩吧！

魔力工具箱 1.一台电视机 2.一个电视机遥控器 3.一面镜子

游戏魔法棒

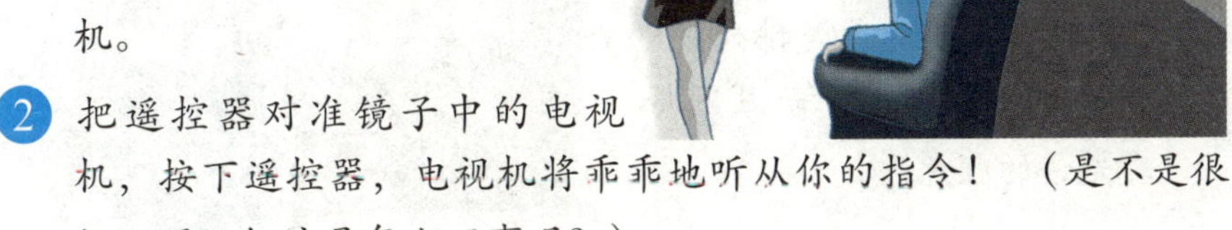

1. 站到放电视机的屋子外面，让一个朋友拿着镜子，调好角度，使你能从镜子中看到电视机。
2. 把遥控器对准镜子中的电视机，按下遥控器，电视机将乖乖地听从你的指令！（是不是很好玩呀？但这是怎么回事呢？）

电视机的遥控器之所以能遥控，是因为它是由红外线控制的，它可以发射出人的眼睛看不见的红外线。你在镜子中看到了放在屋里的电视机，是因为电视机发射出的光线被镜子反射后有一部分光线射进了你的眼睛里；那么，这时候你用遥控器对准镜子发号施令，红外线的光束被镜子反射后，其红外线信号也会被电视机的光探测器捕捉到，这样电视机就会乖乖地听话了。

21.寻找光谱

你见过光谱吗？这个游戏让你如愿以偿，来动手做吧！

魔力工具箱 1.一根大鸟的羽毛 2.蜡烛 3.火柴

游戏魔法棒

1. 在一个暗室中点燃一根蜡烛。（保证室内没有光线）
2. 把羽毛紧贴着眼睛，去看一米远的事先点燃的蜡烛。
3. 在你眼前出现的，是排列成X形状的多个火苗，而且闪烁着光谱的颜色。

（哈哈！是不是很有意思？）

这个现象，是通过缝隙中的所谓“衍射”形成的。在均匀排列的羽毛组成的缝隙之间，存在着锐利的边缘间隙。光线通过这里时被“折断”，即被引开，并把光谱中的颜色分解。由于你是通过多条缝隙观看，所以在你眼前出现了多个火苗。

22.凹面镜的威力

小孔成像的游戏，我们接触了不少。倒立影像游戏我们却很少见，一起来看看吧！

魔力工具箱 1.凹面镜 2.大卡纸 3.桌子

游戏魔法棒

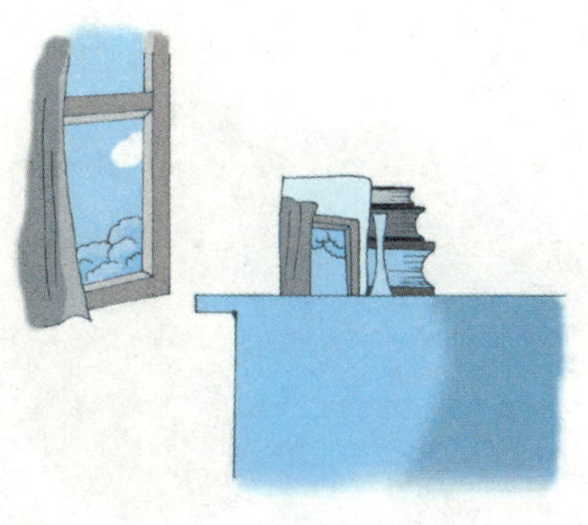

1. 在窗户边的桌子上放一面凹面镜，让镜面对着窗户。
2. 把卡纸放在凹面镜的斜对面（可以选取几本书或支架来使卡纸竖立），调整凹面镜或者卡纸的位置，我们将在卡纸上看到那扇窗户清晰倒立的影像。这是为什么呢？

光线落在凹面镜上发生反射，由于凹面镜不像平面镜那样呈现水平面，所有的反射光线组成的影像与入射光线的景象刚好相反，落在卡纸上，就形成了颠倒的影像。

第六章

奇妙的声音

关于声音我们再熟悉不过了，歌声、琴声、钟声、喊声……无不像空气一样充斥在我们周围。然而，美妙动听的声音也蕴涵着实用的科学原理哦！现在，就从声音入手，开始你的科学之旅吧！

1.气球说话

一只灌满水的气球能够发出清晰的声音，这是什么原因呢？做完下面这个游戏你就知道了。

魔力工具箱　1.两只一样大的气球　2.两根细线

游戏魔法棒

1. 把第一只气球吹好，用细线扎紧放到一边备用。
2. 将第二只气球的吹嘴套进水龙头，慢慢注上水。当这只气球跟第一只差不多大小的时候停止注水，用细线将口扎好。
3. 现在将两只气球平放在桌子上，用手指轻轻叩响桌面，耳朵依次贴在两只气球上听声音。一般来说，我们会发现盛水的气球能传出比较清晰的声音。这是为什么呢？

这个跟声音的传播介质有关。声音能传到我们的耳朵里是因为我们周围的空气受到了声波的振动。空气中含有很多微细的分子，分子与分子之间相隔着一定的距离。由于水分子之间相隔的距离比空气中分子之间的要小得多，因此，它们传送声波的振动要容易得多。所以，装水的气球传出的声音更清晰。

2.玻璃杯的歌声

我从来没有听说过玻璃杯会唱歌，可聪明博士说玻璃杯真的会唱歌，这是真的吗？

魔力工具箱　1.两只薄壁葡萄酒杯　2.一块肥皂

游戏魔法棒

1. 把两只薄壁葡萄酒杯并排摆放在桌子上。
2. 用肥皂把手洗干净，然后用潮湿的食指，缓慢地顺着一只杯沿运动，这时就会发出一种响亮而美妙的持续音响。

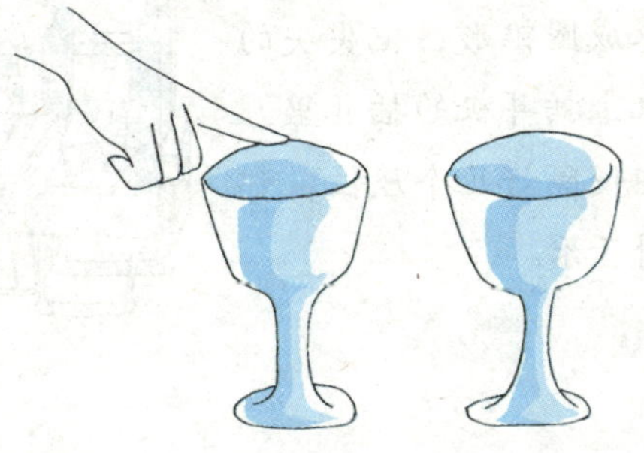

手指摩擦玻璃杯，玻璃杯会受到微小的冲击，开始振动，波及周围的空气，发出声音。如果你在两个杯子上搭一根细铁丝的话，声波还会传递到第二只杯子上，也会发出声音。这种“跟唱”现象之所以会出现，是因为两只杯子在受声波冲击时有同样的音高。

3.耳机也能这样做

你买过最便宜的耳机是多少钱？肯定会超过一元钱吧！可博士说他能做出一种不到一角钱的耳机。该不会是骗小孩子的把戏吧？

魔力工具箱 一张纸

游戏魔法棒

当你乘坐飞机时，飞机座位上的扶手里有一个小扬声器。这时，只要你把纸卷成圆锥形，把尖尖的一端塞到飞机上插耳机的插孔里。开大音量，即使隔好几个座位，都能清楚地听到音乐。

哈哈，原理一点都不深奥。扶手上的扬声器会发出声音，当你把纸做的耳机插入耳机的插孔时，声音的进入会使纸产生振动。当声波沿着圆锥形的纸向外传递时，整个圆锥形的纸也就随之振动，声音也就增大了，你也就能听到音乐了。这样，便宜的耳机就做成了，但为了不影响别人的休息，当你这样做时一定要经过他人的同意。

4.电话的奥秘

电话现在已经成了我们生活中不可缺少的通信工具。但电话为什么能通话，我至今也不明白，还是听听聪明博士的讲述吧！

魔力工具箱 1.两个金属罐 2.一根细绳

游戏魔法棒

1. 在两个金属罐的底部钻一个小孔，小孔的大小在能让细绳穿过的前提下越小越好。
2. 细绳穿过底部的小孔，将两个金属罐连接在一起（细绳两端分别打上结，要大于孔眼，以免细绳被拉出罐外），细绳的长度取决于你和朋友之间的地理位置距离。
3. 制作完成，现在你和你的朋友每人一个金属罐，拉直细绳就可以对话了，但注意讲话的时候要靠近金属罐，细绳不要碰到别的东西，否则声音可能会由细绳传播到别的地方去，影响效果。

我们都知道声音是通过介质传播的，而且在固体中的传播速度很快。当你对着金属罐讲话的时候，声音经由金属罐传递到细绳上去（此时你触摸细绳就会发现有轻微的振动），再沿着细绳朝前传播，最后到达另一端的铁罐，就传到你朋友的耳朵里了。

5.模拟小鸟的声音

鸟儿的叫声婉转嘹亮，总引起人们无限的遐想。我也能学小鸟叫吗？

魔力工具箱

1.两个纸杯　2.一根吸管
3.一卷胶带　4.一把小刀

游戏魔法棒

1. 把一个纸杯倒过来，在底部中央部位用小刀划一个边长约1厘米的三角形小孔。

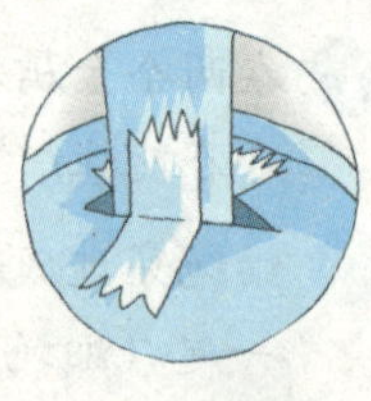

2. 将吸管平放在杯底上，吸管口正对着三角形小孔的一角，并用胶带固定好吸管。

3. 用胶带把两个纸杯口对口地粘在一起，密封好。
4. 向吸管中吹气，就会听到“呜呜”鸟叫声了。

（你想知道原因吗？）

这是一个关于共鸣的游戏。两个纸杯黏合在一起，便形成了一个封闭的共鸣箱。当吸管中的空气通过三角形小孔传入杯内时，杯内的空气受到振动形成声波，而声波在封闭的空间内产生共鸣，声音强度变大，传出来的声音也就变大了。

6.厉害的声音

我们通常是用嘴巴吹灭燃烧着的蜡烛，可是声音也可以做到，你听说过吗？我也是刚刚才听说的。

魔力工具箱

1.一个气球　2.一把剪刀　3.一支蜡烛
4.一盒火柴　5.一个纸筒

游戏魔法棒

1 从一只大气球上剪下两个圆面，把它们分别绑在纸筒的两端，在一端的圆面中央用剪刀扎一个小孔。

2 让你的小伙伴点燃一支蜡烛。

3 拿起纸筒，让小圆孔对准烛火。敲击圆筒另一端的圆面，发出阵阵响声，没过多久烛火真的熄灭了。这是怎么回事呢？

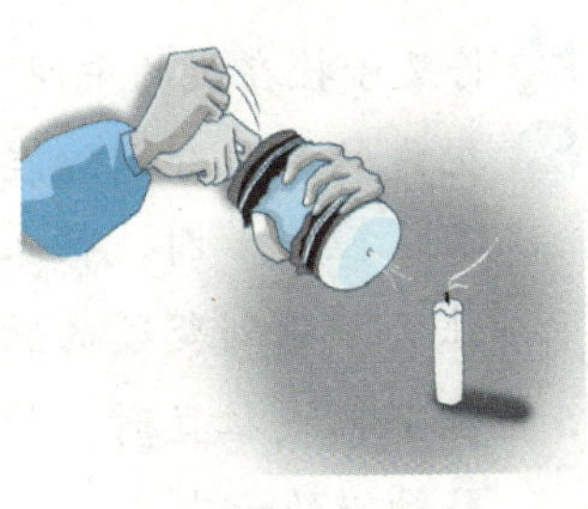

当一个物体振动时，会使它周围的空气也发生振动。振动的空气把声波传播开去，当声波敲击你的耳膜，你就听到声音了。在你敲打直通圆筒一端的圆面的时候，圆面发生振动，你听到的声音就是敲击声。这个振动还会沿纸筒内的空气传播，把空气从小孔中挤出来，从而吹灭蜡烛。

7.解密声音

众所周知，声音是靠介质传播的，那么，声音能在固体中传播吗？

魔力工具箱　1.一个金属叉子　2.一根约1米长的线

游戏魔法棒

1. 将叉子拴在线的中间。
2. 把线的两端分别缠在双手的食指上，缠绕多圈，插入耳朵，然后让叉子碰到坚硬的物体上。等它垂下把线拉直时，你就可以听到敲钟似的响声了。

你是不是能通过细线和手指听到声音呢？这是什么原因呢，还是让聪明博士告诉你吧。

通过敲击，金属就会振动，就像音叉一样。这里的振动不是通过空气，而是通过线和手指传递到耳膜上。声音不仅可以通过空气，而且可以通过一切固体、液体和气体进行传播。

第七章

冷和热

冷和热是人体感知器官最容易感觉到的两种状态，比如，炎热的夏天和寒冷的冬天。恰恰是因为它们极具鲜明独特的个性，人们巧妙地利用它们研究出了很多实用的东西，如温度计、冰箱等。在这章里，你将学到更多通过简单的工具就能展现个性的生动表演。

1.杯子怕冷吗

请问：一个空杯子和一个装了水的杯子放在冰箱里，谁先“着凉”呢？

魔力工具箱　1.两个玻璃杯　2.水　3.一台冰箱

游戏魔法棒

1. 在一个玻璃杯中注入适量的水，然后与另一个空玻璃杯一起放入冰箱。
2. 20分钟以后，从冰箱里取出两个同时放进去的玻璃杯。
3. 用手摸一摸这两个玻璃杯，有什么感觉？你会发现空玻璃杯比装水的玻璃杯要冷得多。（好奇怪呀！）

空杯子看起来里面似乎什么东西也没有，其实充满了空气。由于空气的比热容比水的比热容小，因而会比水更快地释放出能量。同样的道理，水可以将热量储存起来，从而使杯子的温度不会下降得太快。所以，正如你所感觉到的那样，空杯子先变凉。（注：单位质量的某种物质温度升高1℃吸收的热量叫做这种物质的比热容。）

2.两块冰块比赛

两块冰块，哪块降温快呢？

魔力工具箱 1.两块冰 2.两个玻璃杯 3.两根小木棍

游戏魔法棒

1 在两个杯子里，倒入等量的凉水。

2 把两块冰分别放到两个杯子中。

3 用一根小木棍把一个杯子里的冰压到杯底，让另一块冰浮在水面上。

4 10分钟之后，用温度计测一下，你会发现冰浮在水面上的杯子温度低。（这是什么原因呢？）

冰融化需要吸收热量，使周围空气的温度降低，冷空气把水的热量带走了，从而使水的温度降低。而把冰块压在杯底，受冷的只是杯底和冰块接触的那部分水，水温自然下降得慢。

3.流血的鸡蛋

让鸡蛋出“红汗”，这也太奇怪了吧？鸡蛋能出“红汗”吗？

魔力工具箱 1.鸡蛋 2.针 3.红墨水 4.不干胶 5.吸管

游戏魔法棒

1. 把鸡蛋洗干净，用针在一端仔细地钻一个小孔。
2. 用吸管把蛋内的蛋清和蛋黄抽出来。
3. 将红墨水用吸管注入鸡蛋内，然后向鸡蛋内注入空气。把针孔用不干胶封好。
4. 你会看到，红墨水从鸡蛋中渗了出来，好像鸡蛋在出“红汗”一样。（这种情况该怎么解释呢？）

原来，鸡蛋也是要呼吸的，气体的进出是靠它表面的气孔。据分析，一个鸡蛋大约有7000个气孔。往鸡蛋内注入空气，就加大了蛋壳内的压力，红墨水无处可去，就会从气孔中渗出来。由此可以想到，蛋壳内的雏鸡就是通过这样的气孔进行呼吸的。

4.跟我学做冰激凌

一到炎热的夏天，冰淇淋是人们最喜爱吃的冷饮。那么冰激凌是怎么制作的呢？

魔力工具箱

1.少许牛奶、奶油、糖、盐　　2.一块毛巾
3.一个咖啡杯　　4.一把小勺
5.少许冰块（可从冰箱里取）　　6.一个大碗

游戏魔法棒

1. 把牛奶、奶油、糖和你选择的调味料放入一个干净的咖啡杯子里，慢慢地搅匀。
2. 把这个装满奶油混合物的杯子放在一个更大的碗里。
3. 用毛巾裹在碗的外面。
4. 把冰块塞满咖啡杯与碗之间的间隙，在冰块里撒些盐。（不要把盐撒到混合物里）
5. 搅拌这个混合物，大约持续搅拌半小时，经过搅拌混合物将变成香浓的冰激凌。

液体冷冻会转变成固体，当混合物逐渐变凉时，冰的粒子就慢慢形成。趁冰激凌冷冻的过程搅拌，会使冰分化成小冰块 。搅拌的时间越长，这些小冰块会变得越小，冰激凌也会越细滑。搅拌的过程中会使空气进入混合物里，使冰激凌更清亮。

5.你见过烟向下冒吗

我们知道，烟一般都是往上冒的。那么，烟可能往下冒吗？

魔力工具箱

1.一个鞋盒　2.一支蜡烛　3.一把剪刀
4.两个煤油灯的玻璃罩（或者取暖炉上的旧烟筒）
5.一张废旧牛皮纸　　6.一盒火柴

游戏魔法棒

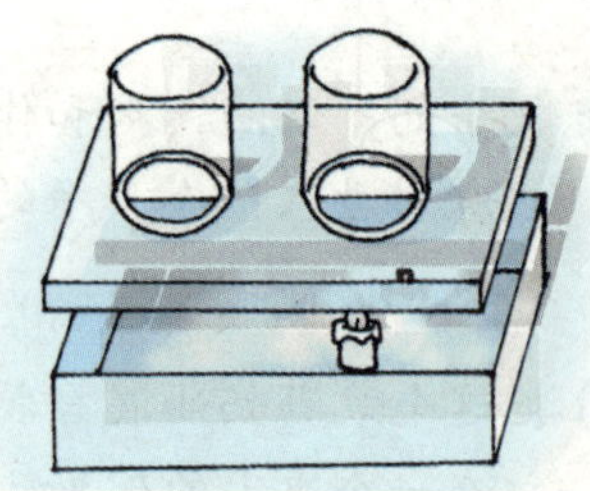

1. 在鞋盒的盖上剪两个比玻璃罩直径略小的洞。
2. 将两个灯罩分别扣在刚剪开的小洞上方，蜡烛放在鞋盒其中一个玻璃罩的正下方。
3. 点燃蜡烛，盖上盒盖，千万注意别让蜡烛把纸盒烧着了。
4. 用火柴把牛皮纸点燃，把冒着烟的牛皮纸拿到右边灯罩的上方。很快，你就会看到烟往下冒——燃着的牛皮纸冒出的烟从这个玻璃罩进入盒内，又从另一个灯罩中重新冒了出来。（烟为什么会往下冒呢？）

原来，蜡烛被点燃以后把它上面的空气加热，使得这些空气上升并从灯罩里冒出来。但是，燃烧的蜡烛必须得到空气的补充，所以空气就只能从另一个灯罩的入口处进入。空气进入灯罩的力量是足以把牛皮纸冒出的烟吸进去的，所以，我们就看到了烟往下冒的“反常”现象。

6.哪个最怕冷

请问：把一杯热水和一杯冷水放进冰箱的冷冻室里，哪个先结冰？

魔力工具箱 1.两个纸杯 2.冷水 3.热水 4.一台家用冰箱

游戏魔法棒

1 在两个纸杯中分别加入等量的水，一个加热水，一个加冷水，并把它们同时放入冰箱的冷冻室中，并记住哪个杯子里是热水。

2 大约20分钟，把它们从冰箱中取出来，你会发现装热水的那个杯子里面的水先凝结成了冰块，而装冷水的那个杯子中却是很多碎冰。

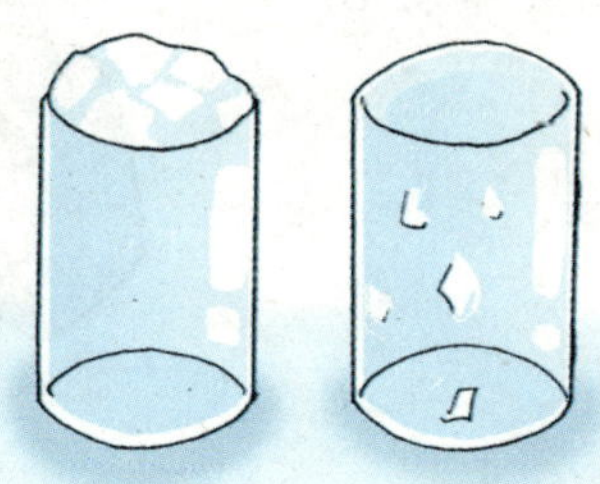

热水中的水分子比冷水中的水分子运动得快，更容易散发热量，所以热水会比冷水先结冰。

7.让石头疯狂

冬天，你可以在不借助任何工具的情况下就让大块石头爆裂开吗？

魔力工具箱 1.一块冻透了的石头 2.一壶开水

游戏魔法棒

1. 在屋外找一块冻透的石头。
2. 用开水浇它，你会发现它“轰”地一声爆裂了。（石头为什么会爆裂呢？）

原来，石头之所以会爆炸，是因为开水的浇灌使石头的外表迅速升温，比内部更快地膨胀。这样产生的不同张力，使石头裂开。以同样的方式也可以使厚玻璃酒杯爆裂，只要在里面倒入过热的液体。玻璃导热能力差，因此就出现了各个层次的不同膨胀现象。

8.绝密文字

我们经常听说的秘密信件，是怎么做的呢？我怎样才能写一封“秘密信件”呢？

魔力工具箱

1.一个柠檬　2.一个杯子
3.一根牙签　4.一张白纸

游戏魔法棒

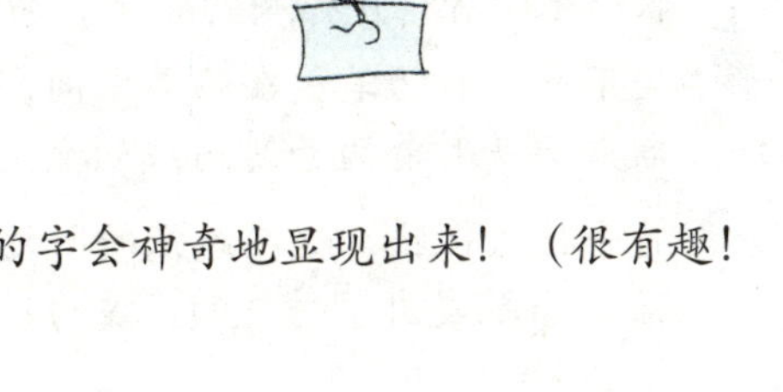

1. 切开一个柠檬，往杯子里挤入几滴柠檬汁。
2. 用一牙签做笔，蘸着柠檬汁在一张白纸上写一条秘密信息。（注意不要蘸太多。）
3. 交给你的小伙伴，他什么都没有看到。
4. 把纸放在太阳下烤干，纸上的字会神奇地显现出来！（很有趣！这是为什么呢？）

柠檬汁的燃点很低，所以烘烤时，来自太阳光的热把柠檬汁烤干，成了褐色，纸上就会显现出字迹。

9.手中施展的魔法

太阳可以提供太阳能，高处坠落的水能提供动能，那我们人体自己有能量吗？

魔力工具箱

1.一张A4纸　2.一把剪刀

3.带橡皮擦头的铅笔　4.一根棒针

游戏魔法棒

1. 用剪刀把纸裁成7.5厘米见方的正方形，依照正方形的两条对角线对折，然后展开，正方形纸张上面就会出现两条交叉的痕迹。
2. 按照折痕，将正方形往上推，形成一个高约为1.25厘米的四面凹面锥体。
3. 取一根带有橡皮擦头的铅笔，将一根棒针插入橡皮头。
4. 坐下来，将铅笔放在膝盖中间，再把折好的锥体放在针头上，也就是针头对着两条对角线的交叉点。
5. 将手握成杯状，拢在纸张的附近，大约距离为2.5厘米。一分钟之后，手就发出了神奇的“魔力”，小纸张旋转起来了，并且越转越快！

其实手并没有什么“魔力”，小纸张可以旋转，是因为我们的手有温度，提供了热能，它加热了小纸张附近的空气，空气一旦被加热，发生上升现象，就能使铅笔上端平衡的纸张转动起来。

10.铁丝的小把戏

今天暑假我坐火车去旅游，发现铁路上的轨道不是完全闭合的，而是留有一定的空隙。这是为什么呢？

魔力工具箱 1.一根1米长的铁丝 2.两枚螺丝钉 3.一根蜡烛

游戏魔法棒

把铁丝绷直，然后两端用螺丝钉固定住，悬空。用蜡烛在铁丝中间加热。一会儿，我们会发现铁丝发弯曲了。

由于我们已经把铁丝两端都固定，而铁丝受热后发生了延长，所以它无法延伸，只能发生弯曲。据有关研究人员发现，如果把铁丝设法降到很低的温度，它会发生收缩，而如果两边事先固定住，它超过一定的限度，就有可能发生断裂。

11.水的变化

我们知道生物是从小长到大，要摄取食物和能量。可是你知道吗？水也会长高的。究竟水是怎样长高的，我们还是听听聪明博士是怎么说的吧！

魔力工具箱 1.一个塑料瓶 2.一台家用冰箱

游戏魔法棒

1. 往塑料瓶子里倒满水，水要溢到瓶口。
2. 把装满水的瓶子放到冰箱里冷冻。
3. 到第二天早上，把瓶子取出，你会发现瓶子里的水变成了冰，而且还长高了，溢出了瓶口。（为什么瓶里的水会长高呢？）

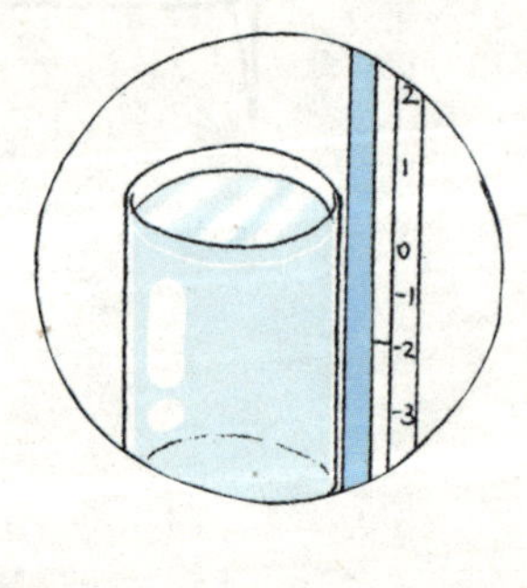

大家都知道，很多物体都是热胀冷缩，可是有一样东西是例外的，那就是水。水遇冷结冰后体积会膨胀。因为冰比液体时的水占有更多的空间，所以冰会从瓶子里溢出来。

12.狗怎么不出汗

天气热的时候，每个人的脸上和身上都会出很多的汗。那么，狗狗是怎么出汗的吗？

魔力工具箱　两只体形和种类相同的狗

游戏魔法棒

找一个艳阳高照的天气，想办法让两只狗快速地奔跑，直至疲倦。然后仔细观察，发现狗狗并不流汗，而是伸出舌头大口大口地喘气。这是怎么回事呢？

狗和人一样，奔跑之后心跳也会加快。如果没有散热措施，狗的体温就会升高。人通常通过出汗来降低体温，可是狗的身上没有汗毛，没法通过出汗来降低体温，所以它就伸出舌头来降低体温。

13.谁对热的反应最迟钝

热是会传递的。可是在不同的导体中，传热效果相同吗？

魔力工具箱

1.一把钢小调羹
2.一把银小调羹
3.一把塑料小调羹
4.一个玻璃杯
5.一个玻璃搅拌棍
6.少许黄油
7.少许豌豆

游戏魔法棒

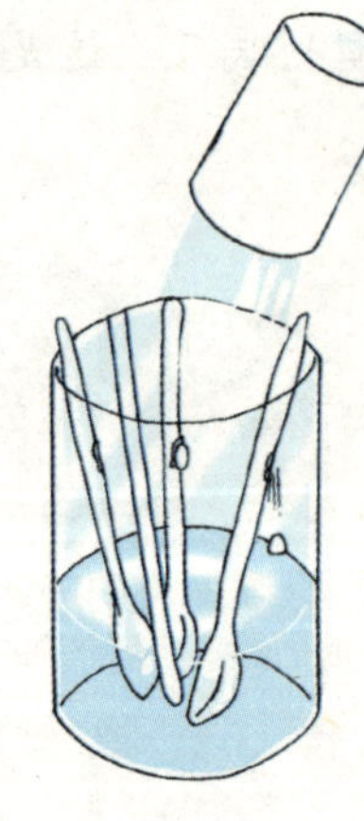

1. 在一只玻璃杯中放入三把小调羹和一根玻璃搅拌棍。
2. 在它们的柄部同样的高度上用黄油各粘上一粒干豌豆。现在你开始往杯中倒入热水，豌豆会以银、钢、玻璃的次序掉下来。（为什么它们掉下的次序不一样呢？）

原来，银调羹上的黄油很快就会融化，豌豆会先掉下，然后的次序是钢调羹和玻璃调羹，但塑料调羹上的豌豆却岿然不动。银是最好的热导体，而塑料却几乎不传热。所以汤锅和熨斗的把柄都是用塑料制成的。

14.冰也能把水烧开

看到这个题目你是不是觉得很奇怪？是呀，我也觉得很奇怪，冰怎么能烧沸水呢？这到底是怎么回事呢？

魔力工具箱

1.一个小锅　　2.一袋盐
3.一个小口玻璃瓶子　　4.若干碎冰

游戏魔法棒

1. 往小锅里倒入适量的水，在水里加盐搅拌均匀，放在煤气上加热至沸腾。
2. 在瓶子里装半瓶水，把它浸在沸腾的盐水锅里，等水沸腾后，就把瓶子从锅里拿出来，迅速用瓶塞把瓶口塞住。
3. 把瓶子倒过来，等到瓶子里的水不再沸腾，再用沸水浇瓶底，这时候水就不会再沸腾了。
4. 这时你在瓶底放一些碎冰，你就可以看到水又开始沸腾了。（这是为什么呢？）

原来秘密在于冰把瓶壁冷却了，因此瓶里的蒸汽就凝成了水滴。而瓶在水锅里沸腾的时候，瓶里的空气被赶出了瓶子，所以现在瓶里的水受到的气压要比以前小很多。我们知道水在低气压的时候，沸点也会减小。因此游戏中的这个瓶子里，虽然水被烧开了，但是并不怎么烫手。

15.当泡泡冰冻之后

世界上除了水、蔬菜、水果等能冷冻外，肥皂泡泡也可以冷冻吗？

魔力工具箱

1.一盆肥皂水　2.一个碟子
3.一支吸管　4.一台冰箱

游戏魔法棒

1. 将冰箱冷冻室的温度设定“强”。
2. 把碟子洗干净，并用水沾湿。
3. 用吸管蘸着肥皂水在长方形碟子上吹出一个半球形的肥皂泡泡。
4. 将装有肥皂泡泡的碟子放入冰箱的冷冻室内，20分钟后取出来，冷冻泡泡就做好了。（晶莹剔透的，非常漂亮！）

把肥皂泡泡放入冰箱，因为肥皂泡泡里面充满了水，所以它在破裂之前已经结冰。因此，我们才有可能看到美丽的冷冻泡泡。可惜的是冷冻后的泡泡不是圆滑的球形，而是巨蛋形状。不过，冷冻泡泡像水晶玻璃一样，还是很漂亮。

16.魔法纸盒

我们都知道，点燃的蜡烛能够轻易让纸盒着火，但下面的游戏中蜡烛却不会把纸盒烧坏。这又是怎么回事呢？

魔力工具箱
1.一块硬纸板　2.一瓶胶水　3.一根细绳
4.一根蜡烛　5.一盒火柴

游戏魔法棒

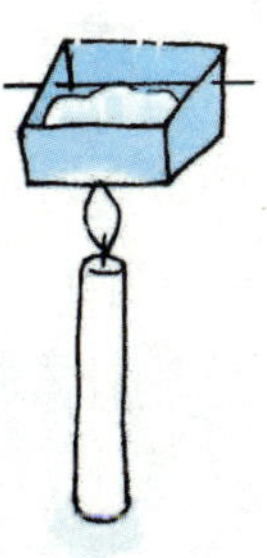

1. 把硬纸板折出一个盒子的模样，用胶水粘好，确保纸盒不会有漏水现象。
2. 在纸盒上面拴上细绳，悬挂起来，并注入冷水。
3. 将蜡烛点燃，放在纸盒下方。几分钟后你会发现，水开始沸腾了。
4. 将蜡烛熄灭，倒掉热水，仔细观察纸盒并没有被烧坏。（真奇怪！）

物体在吸收热量的时候，它的温度会升高，但是两种物体一起吸收热量时，会有吸收强弱的差异性。水比纸盒的吸热能力要强，它把火传递给纸盒的热能给抢走了，所以纸盒最终安然无恙。

17.小现象，大规律

今天我发现了一个奇怪的现象，放在冰箱中的一杯热牛奶居然比一杯冷牛奶冷得快。这是怎么回事，博士？

魔力工具箱

1.一杯热牛奶，一杯冷牛奶
2.一台家用冰箱

游戏魔法棒

1. 将两奶牛奶同时放进冰箱。
2. 15分钟后，把牛奶拿出来，发现温度高的那杯牛奶竟然冷得快。这是为什么呢？

这是姆潘巴现象。冷却的快慢不是由液体的平均温度决定的，而是由液体上表面与底部的温度差决定的，热牛奶急剧冷却时，这种温度差较大，而且整个冻结前的降温过程中，热牛奶的温度差一直大于冷牛奶的温度差。上表面的温度越高，从上表面散发的热量就越多，因此降温就越快。

18.手帕怎样不怕火

我们知道，手帕一碰到火，就会被烧坏，可下面的游戏却让你见识一下不怕火的手帕。这究竟是怎么回事呢？

魔力工具箱

1.一块棉质手帕
2.一枚一元的硬币
3.一盒火柴
4.一根香烟

游戏魔法棒

1. 用手帕把硬币紧紧地包起来。
2. 点燃香烟，使其接触包裹着硬币的手帕位置，发现手帕没有烧着。
3. 将硬币取出，直接用香烟接触手帕，发现手帕被烧着了。

包裹着硬币的手帕受热时，部分热量会传导给硬币，将燃点的热量分散了，因此不容易烧起来。而没有包裹着硬币的手帕，热量没法传送，因此容易燃烧。

19.我来告诉你

天气炎热时，人们都喜欢泡在水里，而不愿意待在软软的沙滩上，因为水里比较凉快。那么，你知道水里为什么比较凉快吗？

魔力工具箱 1.两支温度计 2.一杯土 3.一杯水

游戏魔法棒

找一个光照充足的天气，将一杯土和一杯水分别放在太阳底下照射20分钟。之后，用温度计测量杯子中土和水的温度，发现土的温度比水的温度高。

在水中，热量可以向下传导，而在土中，热量被保留在表面，此外，阳光无法透过土，因此，地表很热。相同质量的水和土，水温升高所需的热量要比土大得多，所以，在晴天，陆地比水中要热。

20.如何保温

科学家一直在想办法，留住太阳的热，并把它转化成新的能量。可是怎样才能留住太阳的热呢？

魔力工具箱

1.两个形状、体积相同的玻璃罐
2.若干冰块 3.一个塑料袋

游戏魔法棒

1. 在两个玻璃罐中分别倒入一杯凉水，然后再分别放入5块冰块。
2. 把其中一个罐子用塑料袋罩住，把口扎紧。
3. 然后把两个罐子放在阳光充足的地方。
4. 一个小时以后，你会发现两个罐子里的水温一样，但是用塑料袋罩住的罐子里的冰块融化得比较快。（这是怎么回事呢？）

塑料袋会产生温室效应，被罩塑料袋里的罐子在阳光的照射下，罐子里的温度会变得很高。照的时间越长就越热，冰块也就融化得越快。而另一个罐子里的热量蒸发了，所以相比之下，冰块融化需要更长的时间。

21.烧不开的水

我们都知道，在标准大气压下，水会在100℃沸腾。可是，下面这个游戏中的水为什么持续加热，也不会沸腾呢？

魔力工具箱 1.一个玻璃杯 2.一口锅 3.一个电炉 4.水

游戏魔法棒

1. 在锅里放入适量的水，把玻璃杯放在锅里，然后在玻璃杯里注入与锅里的水相同高度的水。
2. 把锅放在电炉上加热。
3. 过一会儿，锅里的水就沸腾起来，继续加热，杯中的水却没有沸腾。（这是怎么回事呢？）

锅中的水的温度上升较快，所以加热一会儿后就达到了沸点。而杯子里的水由于有杯子的阻隔，所以温度上升较慢。因此，当锅中的水沸腾时，杯子中的水还没有达到100℃；当锅中的水沸腾后，锅里的水就会由液态变成气态，而温度不会再升高，一直保持在100℃。所以也就无法传给杯中的水100℃以上的温度。因而，杯中的水在锅中的水没有蒸干之前就不会沸腾。

22.小碗造奇观

只用碗和水就可以制造“火山”，是不是很不可思议？来，动手试一试吧！

魔力工具箱

1.一只大碗 2.一盒红色的水彩颜料
3.热水和冷水 4.一支毛笔
5.一个小玻璃瓶（瓶子比碗稍矮一些）

游戏魔法棒

1. 在大碗里注入一大半的冷水，然后在小玻璃瓶里注入一大半的热水。
2. 用毛笔蘸一些红色的水彩颜料，滴在小玻璃瓶的热水里。把小玻璃瓶迅速放入大碗的冷水里，让瓶子浸在水下。
3. 这时你会发现，瓶子里面的热水一下子涌到了冷水的水面上，像炙热的火山熔浆一样。（好壮观呀！）

上面的“火山”是根据热胀冷缩的原理制作的。同质量的热水的体积比冷水大，因而密度就比冷水小。而密度小的液体一般会上升到密度大的液体之上。因此，小玻璃瓶中的热水因为密度小而迅速上升，而碗中的冷水因为密度大而下沉。这样，就形成了我们所见到的碗中水下火山喷发的景象。

第八章

走近电与磁

可怕的触电场景、神秘的磁场运动、调皮的纸屑飞舞，还有会“口渴”的气球，对于这些异常现象，你是惊慌害怕，还是想一探究竟？其实，电与磁是我们不可缺少的帮手，掌握了它们的“性格”，了解了它们的“特点”，你就能很好地驾驭它们，让其真正为我们服务。

1.静电的用处

电器接通电源的时间过长，也会产生静电。你可别小看这些静电，稍微一变化，就能产生大的用处。

魔力工具箱

1.电视机　2.干净的布　3.粉扑
4.滑石粉（也可用痱子粉代替）

游戏魔法棒

1. 用布将电视机的屏幕擦干净，将电视机打开。半个小时之后，再关闭电视机，然后用手指在电视机屏幕上写字。
2. 用粉扑蘸一些滑石粉在电视机屏幕上抖动，使得粉尘吹向电视机。你会发现粉尘被电视机迅速吸过去，但是写过字的地方却留下空白。这是为什么呢？

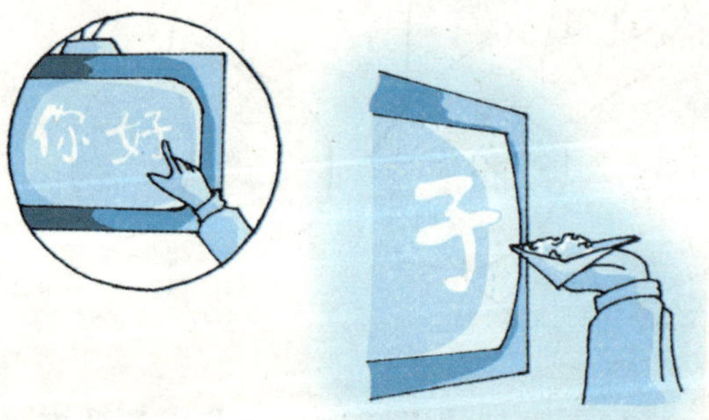

当我们打开电视机的时候，屏幕上充满了静电，即使关闭电视机它也会在屏幕上停留一段时间。我们在屏幕上写字，手指触碰的地方就会把静电抹掉，所以往上面吹滑石粉时，只有充满静电的地方会吸住粉尘，没带静电的地方就不会沾上滑石粉。

2.无处不在的电流

普通硬币也可能有电流存在，你知道是怎么回事吗？

魔力工具箱

1.一元和五角的人民币若干，不少于20个
2.一盆盐水 3.一些小纸片 4.一根导线
5.一个电流表

游戏魔法棒

1 将硬币依次间隔地叠起来，每2枚硬币之间夹一张用盐水浸湿的小纸片。一般不要少于20层，层数越多效果越明显。

2 用导线连接“硬币柱”两端，再接到灵敏电流表上，就可以明显地看到表针偏转，证明有电流的存在了。

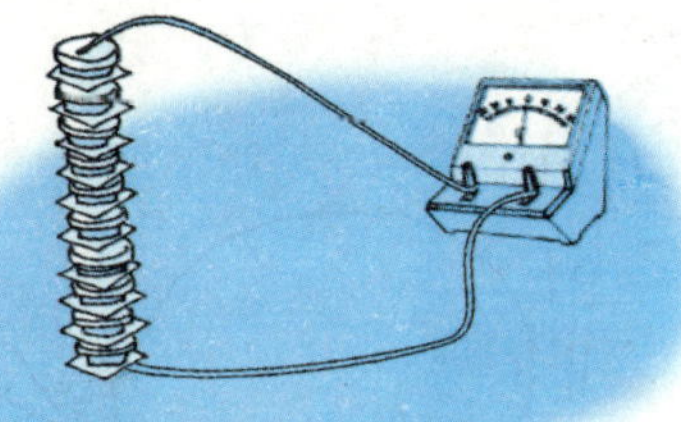

由于一元和五角的硬币分别是铁和铜铸造的，铜和铁这两种不同金属的原子核外的自由电子的活性是不同的。浸了盐水的纸片隔在其中，起到了电解液和输送电荷的作用。电荷就在两种金属之间运动产生了电流，层数越多，电压越高，参与流动的电荷就越多，电流就越强。

3.气球爱“喝水”

我们知道，气球摩擦后，会吸引纸屑等微小物体。那么，它会吸引水吗？

魔力工具箱 1.一只气球 2.一条干毛巾

游戏魔法棒

1. 吹大气球，将它与干毛巾相互摩擦。
2. 打开水龙头，放出一小股水柱，慢慢地让气球靠近水柱，让气球“喝水”。
3. 此时，你会发现，当气球靠近水流时，水被吸引，开始向气球的方向略微倾斜；当气球几乎碰到水柱时，一些水滴就会飞起，溅落在气球上。（难道气球也会“口渴”？）

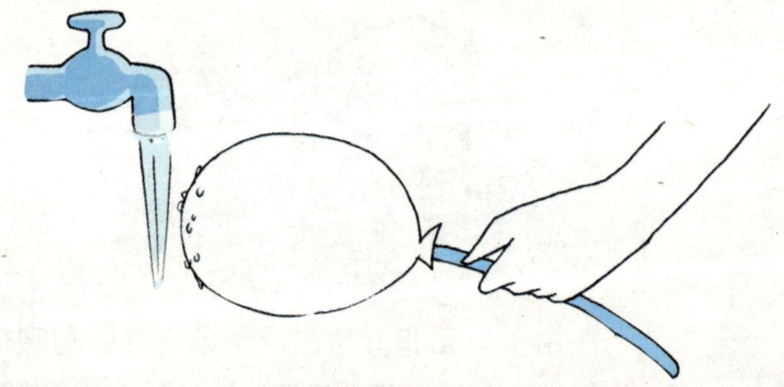

原来当你摩擦气球时，也就是在使它带电来自干毛巾上的电荷，即带电粒子，转移到了气球上。于是，气球的表面布满了电子，正是这些越积越多的电子吸引了水滴。所以，你才会看到气球“喝水”的样子。

4.让纸屑起舞

平时没有作业的时候，我最喜欢玩科学游戏，提高我的思考能力。可是有一次，当我玩弄小纸屑时，它特别“调皮”，这是怎么回事呢？

魔力工具箱

1.一个碗　　2.一些碎纸屑
3.一把塑料小勺　　4.一件羊毛衫

游戏魔法棒

1. 在碗里放入一些碎纸屑。
2. 拿一把塑料小勺在羊毛衫上摩擦几下。
3. 将塑料小勺放在碗口的上方，你会发现小纸屑会争先恐后地粘到塑料小勺的上面。过一会儿，小纸屑又都蹦蹦跳跳地离开。

（纸屑才不会像你一样调皮呢！它的“调皮”另有原因。）

原来，塑料小勺在毛衣上摩擦之后就会带上静电，小纸屑的质量比较小，所以静电会把小纸屑吸引到它的周围。但是过了一会儿，小勺塑料上面的电荷会转移到小纸屑上。这样小纸屑和塑料小勺都带上了同样的电荷。根据异种电荷相互吸引，同种电荷相互排斥的原理，小纸屑会蹦蹦跳跳地离开塑料小勺。

5.吸管的别样用处

我发现一个小尺子在桌上摩擦几下后就可以把小纸屑吸起来！真是神奇呀，其中有什么物理原理吗？

魔力工具箱 1.一根干净的塑料吸管　2.一张新报纸

游戏魔法棒

1. 在报纸上裁剪下一小块，把它卷裹在吸管外面。
2. 左手拉住吸管一端，右手捏住报纸卷，将吸管与报纸来回摩擦多次。
3. 拉出吸管，竖直贴到右手上，再松开手。这时你会发现吸管好像受到了一股魔力的支配，紧贴在右手掌上不会落下来。

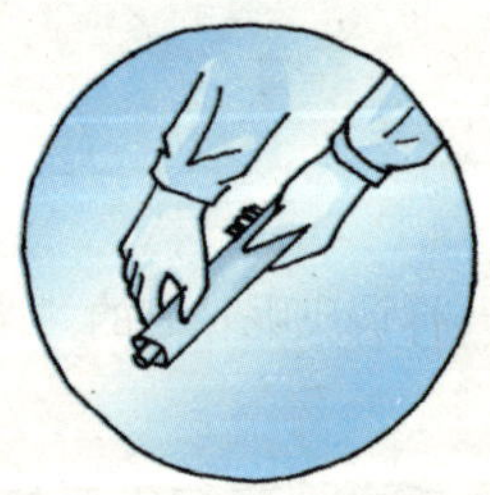

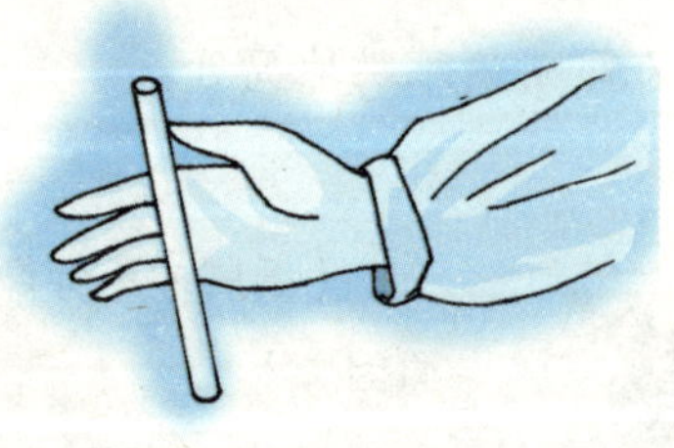

这是由于报纸和吸管摩擦后，吸管带上了大量负电荷，而吸管是用绝缘性很好的塑料做成的，电荷不会流失，因此能吸附在手掌上。它也能被书本、有机玻璃等吸住，你不妨试一试。

6.一起来做指南针

在陌生的环境中，指南针能起到很好的指示作用，让我们也来做一个指南针吧！

魔力工具箱

1.两根缝衣针（钢针） 2.一块条形磁铁 3.一个子母扣 4.一根大头针 5.一张厚纸片

游戏魔法棒

1. 把两根缝衣针并排放在桌上，用条形磁体的一个极沿同一方向摩擦数十次，使它们磁化，变成磁针。
2. 把这两根磁针平行地穿过子母扣上的四孔。穿针前先将子母扣捏瘪些。
3. 把一根大头针刺过厚纸片，使针竖起，针尖向上。将穿好磁针的子母扣顶在针尖上。调整磁针的位置，使磁针能和子母扣一起水平地自由转动。根据磁针静止时的指向确定它们的南北极。这样，指南针就做好了。

地球是个大磁体，其地磁南极在地理北极附近，地磁北极在地理南极附近。指南针在地球的磁场中受磁场力的作用，所以它会一端指南，一端指北。

7.自动出现的图案

电磁场存在一个有规律的组织，只要用电给它们下一个指令，就能组成一定的图案。

魔力工具箱

1.一个旧的塑料方盘　2.两个玻璃杯
3.一节9伏电池　4.一根稍长的电线
5.一个手钻

游戏魔法棒

1. 用手钻在旧的塑料方盘中间穿一个孔。

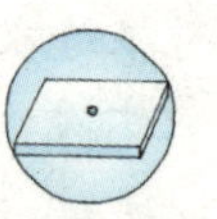

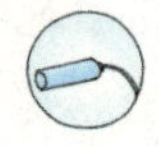

2. 在方盘下放置2个玻璃杯作为支架，取一节9伏的电池和稍长的电线，电线一端连上电池，一端穿入方盘的孔中。此时将铁屑洒在方盘上，接通电源，铁屑就会自动聚到小孔旁边。

3. 在方盘上依次多穿几个孔，将电线呈螺旋状穿过，此时再接通电源，铁屑就会马上散开，形成整齐的图案。

铁屑形成的图案是电流形成的磁力线，螺旋状的电线形成通电环形导线，它产生的磁场磁感线，是一些围绕环形导线的闭合曲线。在环形导线的中心轴线上，磁感线和环形导线所在的平面垂直，为此，科学家得出一个右手定则，即用右手握住导线，让弯曲的四指和环形电流的方向一致，那么伸直的大拇指所指的方向就是环形导线中心轴线上的磁场方向。借助这个定则，我们很容易判断出通电环形导线产生的磁场方向和导线中电流方向的关系。

8.让磁铁失去磁力

自然界的磁铁与铁是一对亲密的“兄弟”，一见面就拥抱在一起。可你知道吗？磁铁也有失灵的时候。

魔力工具箱

1.一块条形磁铁　2.一盒火柴　3.一支蜡烛
4.几枚大头针　5.一个夹子（注意：夹子一定要有非热导性材料做手柄）

游戏魔法棒

1. 用火柴点燃蜡烛。
2. 用夹子夹起磁铁在火上烧，5分钟后取下，放在一边自然冷却。
3. 大约15分钟以后，用磁铁去吸桌子上的大头针，发现磁铁竟然一根大头针都吸不上来，完全失灵了。（这是怎么回事呢？）

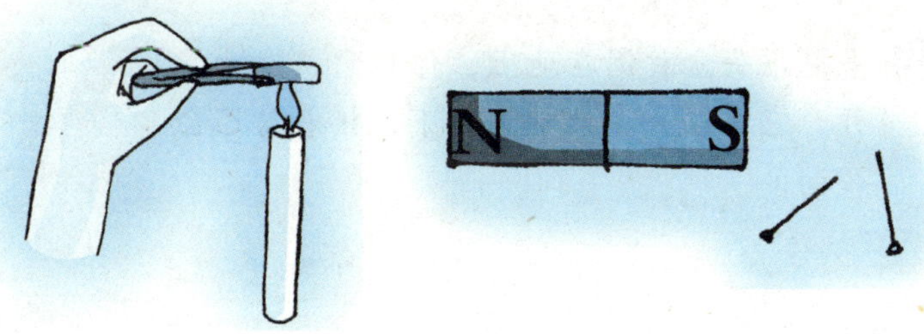

这是一个关于磁铁磁性消失的游戏。磁铁之所以具有磁性，是因为磁铁中的铁原子是很有规则地排列的。然而，当磁铁受热后，铁原子的规则排列就被打乱了，因而也就失去了原有的磁性。

9.罐头盒会自己回来

罐头盒在我们生活中经常见到，它圆滚的样子很可爱。可自从博士在它身上装了一个小东西后，它就像机器人一样自动回转。这是怎么回事呢？

魔力工具箱 1.一个罐头盒 2.一根橡皮筋 3.一个螺丝帽 4.一个手钻 5.一根绳子

游戏魔法棒

1. 先用手钻在罐头盒的底部和顶部各钻两个小孔。
2. 把橡皮筋穿进小孔中，在橡皮筋交叉的地方用绳子结起来，然后在上面拴一个螺丝帽之类的重物。
3. 当把罐头盒放倒在地上，你把它从身旁推开，它滚动一会儿就会停下，接着自己会往回滚。

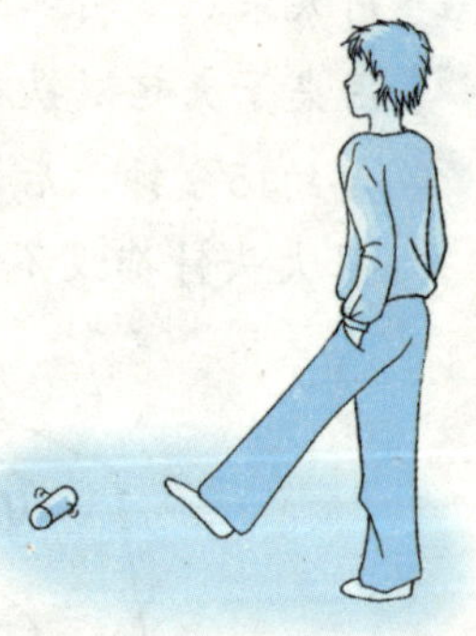

（哈哈，你知道罐头盒为什么会自动回转吗？）

因为螺丝帽较重，一直停在悬垂点的下面，不随罐头盒一起转动，从而把橡皮筋逐渐缠绕起来。橡皮筋缠绕到一定程度就限制了罐头盒的滚动，最后橡皮筋积蓄的能量又把罐头盒拉了回来。

10.巧分辨

把粗盐粒和胡椒面掺和在一起，你能很快把它们分开吗？

魔力工具箱 1.少许粗盐 2.少许胡椒面 3.两把塑料勺

游戏魔法棒

1. 和你的小伙伴每人把一勺粗盐、一勺胡椒面混合在一起，并搅拌均匀。
2. 在一个规定时间里开始，看谁先把粗盐和胡椒面分开。（这可是一个巨大的工程哦！一粒一粒地挑是不可能取胜的。你想到什么好办法了吗？）

（还是让我来帮帮你吧！）

你可以运用你所学到的静电知识，把塑料汤勺先在毛衣或别的毛料布上摩擦一会儿，然后把汤勺逐渐靠近盐和胡椒面的混合物。这时，胡椒面就会跳起来吸附在塑料汤勺上。用这个方法，你会很快把盐粒和胡椒面分开。这是因为塑料汤勺经过摩擦带有电荷，产生了吸引力，胡椒面比盐粒轻，所以很快被吸起来。注意，不要把汤勺放得太低，否则盐粒也会连同被吸起来。

11.解密灯亮的原因

电池是怎样工作的呢？为什么一接上电线，灯泡就变亮了呢？我还是去问问聪明博士吧！

魔力工具箱

1.一个小灯泡　2.两根电线　3.一个玻璃盆
4.一瓶醋　5.一片铜片　6.一片锌片
7.一枚回形针

游戏魔法棒

1. 将灯泡插在灯座上，两端各连接上一根电线。
2. 在玻璃盆中倒入醋作为电池的电解质。
3. 将两根电线的另外两端用回形针分别固定在一片铜片和一片锌片上。
4. 把铜片和锌片放入醋中，灯泡就变亮了。
5. 取出金属片，再将电线两端放入醋中，灯泡就无法变亮了。

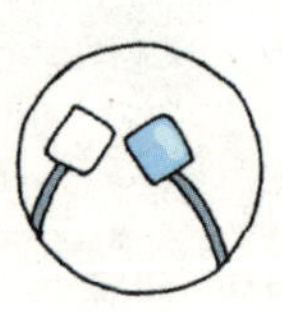

玻璃盆里面装上醋是模拟我们平时用的干电池，干电池的锌片内包含有电解质和带微孔的碳棒，化学反应之后就产生了电。玻璃盆中的锌片和铜片就起到了传导和化学反应的作用。去掉金属片，电解质就无法发挥作用，小灯泡就无法变亮了。

12.我们一起来寻找

寻找宝藏的活动经常能在电视里见到，那么我能在家里导演一个寻宝游戏吗？

魔力工具箱

1.一块磁铁 2.一袋沙子 3.一根吸管
4.一个玻璃缸（也能用敞口大的鱼缸代替）
5.一张绿色的纸 6.几枚铁制螺丝钉

游戏魔法棒

1 将沙子倒入玻璃缸中，稍微堆起来，当做一个岛屿。

2 将纸撕成若干小细条，插在吸管中间。然后把吸管插在沙子堆中，当做岛上的椰子树。

3 把螺丝钉埋在沙子中（注意不要太深）。

4 拿起磁铁，沿着沙子一步一步搜寻宝藏，不一会儿就能把所有的宝藏都找出来。（哈哈，好有意思！）

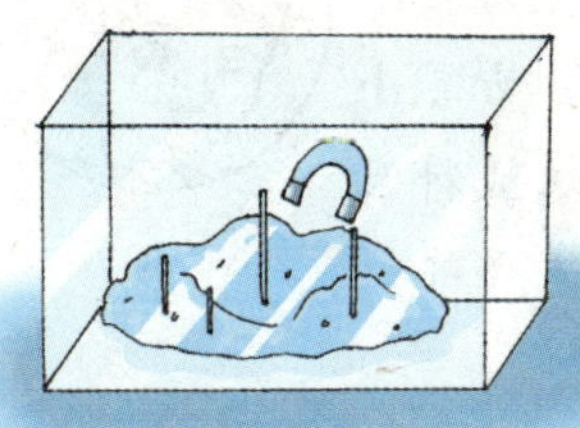

宝藏之所以被磁铁找到，是因为螺丝钉是铁制的，容易被磁铁所吸引。而当我们利用磁铁在沙子上均匀移动时，一旦位置处于螺丝钉上方，就能轻易将螺丝钉吸引上来。不要小瞧磁铁，它不仅可以穿透硬纸板、木板，还能穿透沙层。

13.用小球试验

我们知道物体摩擦可以带上电，但有没有简单的方法可以验证是否真的带上电了呢？

魔力工具箱

1.一些泡沫塑料（也可用晒干的高粱秆芯或者玉米秆芯） 2.一根丝线 3.一个实验支架
4.一张锡纸（废气的香烟盒衬里就是锡纸）
5.一把塑料尺

游戏魔法棒

1 把泡沫塑料做成小球，在小球外面包裹上一层锡纸。

2 用丝线将小球悬空挂在支架上。简单的验电仪器就算是制成了。

3 拿普通的塑料尺靠近小球，观察小球，没有发现异样。

4 把塑料尺的一端在头发上摩擦，之后再靠近小球，再观察小球，发现小球会主动往塑料尺这边靠近，然后又迅速分开。这是怎么回事呢？

第一次用塑料尺去靠近小球，因为双方都没有带电，所以没有反应。第二次因为塑料尺带了电，所以对于正负电荷平衡的小球来说，它形成了一个吸引力。但小球与塑料尺接触后，带上了塑料尺的电荷，两种带电的物体接触，带相同电荷相斥，带不同电荷则相互吸引。

14.让铅笔自己动起来

像铅笔这样没有“长腿”的文具，只有在我们人类的手里才能被灵活地运用。可是，博士昨天给铅笔施了一个小魔术，铅笔就自己动起来了。真是不可思议！

魔力工具箱 1.一支带棱的铅笔 2.一支圆杆铅笔 3.一块强磁铁

游戏魔法棒

1. 把一支带棱的铅笔放置在桌子上，然后在它的上面再放一支圆杆铅笔，使其在上面保持平衡。
2. 用一块强磁铁小心接近铅笔尖，铅笔就会转向磁铁。（是什么力量使铅笔改变方向了呢？）

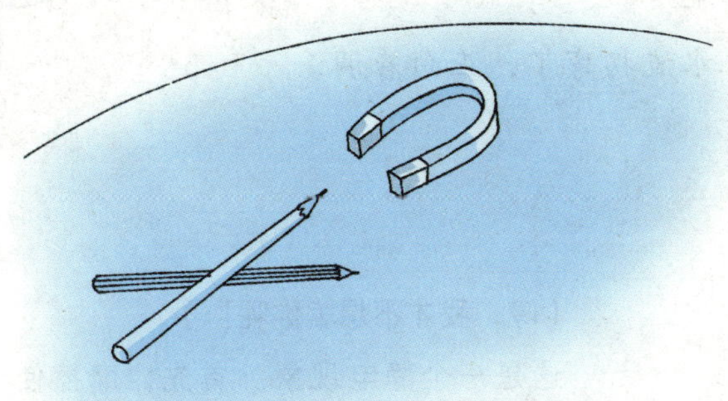

铅笔之所以被磁铁吸引，是因为铅笔芯中的石墨被磁铁吸引。小小的石墨吸引力虽然弱于铁器，但原理是一样的：石墨中的微小的原始磁颗粒，本来排列混乱，当通过强磁铁的磁场时使其有序排列，出现南北两极，随之被吸引。

15.改道的自来水

听聪明博士说，自来水在倾泻而出的时候会转弯，可我从来都不知道。该不会是聪明博士骗我吧？

魔力工具箱

1.一块毛料干抹布 2.一把塑料调羹勺
3.一个有水的自来水管

游戏魔法棒

1. 用抹布摩擦塑料调羹勺使其带电。
2. 把水龙头打开少许，将调羹勺靠近细细的水流。
3. 你看——水流拐弯了，正向着调羹勺靠近。

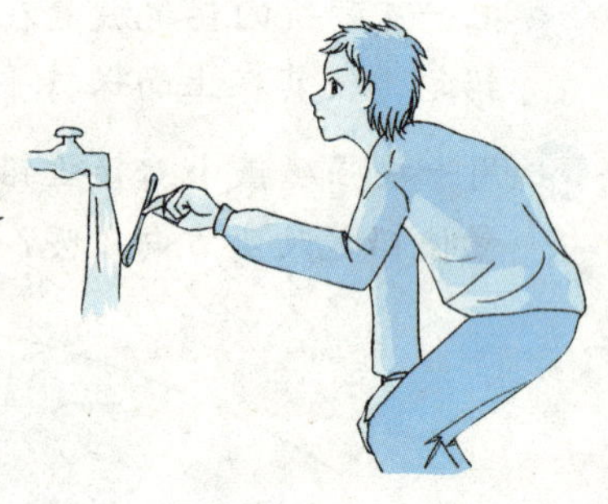

（哼，我才不想骗你呢！）

这是一个静电现象。首先，摩擦使调羹勺带了电，带电的调羹勺对不带电的水流产生了吸引力，使水流向勺子的方向倾斜。可一旦调羹勺碰上了水流，这个魔术失效。水是导体，会立即把电子从调羹勺上导走。即使漂浮在空中的水气也能够带电，所以这个静电试验最好在寒冷的晴朗天气里和暖气良好的室内进行。

16.纸娃娃的舞蹈

平时，我们在电视上或者舞台上见到的都是人在跳舞，但从没见过会跳舞的纸娃娃。现在，自己动手做一个纸娃娃吧！

魔力工具箱

1.一盒火柴　2.一根较长的漆包线
3.一根细铁丝　4.一卷胶纸　5.一节1.5伏干电池
6.一把剪刀　7.一张硬纸板

游戏魔法棒

1. 用剪刀把硬纸板剪成一个纸娃娃，纸娃娃要左右对称。
2. 用漆包线绕火柴盒24圈，并且两端各多出10厘米作为接头。
3. 把6厘米长的细铁丝弯成形，前后穿过火柴盒里面(稍稍比火柴盒长一点，在火柴盒外边留出一小截)，与线圈形成垂直的角度。
4. 用胶纸将纸娃娃固定在火柴盒外边的铁丝上，保持平衡。
5. 将线圈一端用胶布粘在电池负极，拿着线圈的另一端断断续续去触击电池正极，纸娃娃就开始不停地跳舞了。

线圈的一端断断续续接触电池，致使线圈断断续续出现通电现象。当有电流经过线圈时，它的周围会出现磁场，电流时断时续，使得磁场强度不断变化，导致细铁丝出现一吸一放的情况，粘贴在上面的纸娃娃也就欢快地跳起“舞”来。

17.糖怎么会发光呢

糖也会带电吗？不仅如此，你更想不到口香糖还能在你口中放电呢！

魔力工具箱　1.一个带窗帘的房间　2.两块方糖

游戏魔法棒

1 切断房间内的光源，拉上窗帘，让眼睛适应黑暗。

2 取两块方塘，像擦火柴一样迅速摩擦两块方糖，或用一块敲击另一块，两块方糖碰撞的时候，你能看到微弱的光芒。

这是关于压电现象的游戏。自然界中有些固体介质当被挤压、拉长时，晶体会产生极化，在相对的两面上产生异号束缚电荷。糖的晶体就有这种特性。在糖分子中都存有化学能，敲击两块方糖，压力的作用能将化学能转化为光能，因而就能够看到火光。如果你在黑暗中注意观察自己嚼口香糖的样子，就会发现口香糖迸出蓝绿色的光。

18.我们来做电火花

每逢重大节日的宴会上，走廊或者门窗上都挂有漂亮的电火花。不妨自己也试着制作电火花吧？

魔力工具箱 1.长玻璃板 2.电线 3.几根铅笔芯 4.一节9伏电池或者6节1.5伏电池

游戏魔法棒

1. 将铅笔芯研磨成细粉，在玻璃板上铺上长而窄的碳粉。
2. 把电池一端和碳粉一端用一根电线相连。
3. 切断室内光源，用另一根电线连通电池和碳粉的另一端，此时碳粉间就会产生一些跳跃的电火花，此起彼伏，十分好看。如果没有产生火花，那是因为电压太低，碳粉太多，需要增加电压。这些电火花是从哪里来的呢？

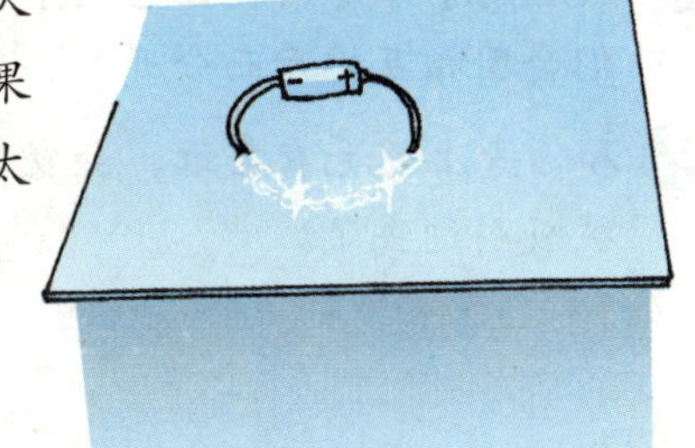

这是因为气体导电的结果。碳粉通上电就产生了热，使碳粉产生了“蒸汽”，布满碳粉之间。电流通过碳蒸汽产生电弧光，不妨自己也试着制作电火花吧！。

19.靠近和远离

两只轻轻一扎就会破的气球在没有施加任何力量的情况下，它们自己会动。你相信吗？

魔力工具箱 1.两只气球 2.两根细绳

游戏魔法棒

1. 吹起两只气球，用细绳系住口，使劲在你的毛衣上摩擦。
2. 然后用手牵着细绳让它们下垂，它们会因相互排斥而分开。
3. 和你身上的毛衣靠近，会发现气球被吸引过去了。

（小气球会自己分开，是不是很奇怪，一定和毛衣有关！）

通过摩擦，两只气球均带上了毛衣上的负电。由于同性相斥，故两只气球相互排斥。但毛衣由于刚才被取走了电子，故变成了带电的正极，正极和负极是相吸的，所以两只气球可以黏在你的毛衣上。

第九章

气压风暴

大自然中，有一种每个人都需要却又看不见的东西，那就是空气。空气是一个调皮的家伙，它能变出各种花样来捉弄你，让你哭笑不得，比如“贪吃”的玻璃杯、水柱的“魔力”、会爬的“皮球”等。你想整整这个“可恶”的家伙吗？那接下来就好好做这些精彩的游戏吧！

1.教你做保温箱

生活中用来装开水的保温瓶和装饭菜的保温盒我们大家都不陌生，因为它为我们的生活带来了极大的方便。那保温箱到底是怎么制作的呢？

魔力工具箱

1.一个普通的鞋盒 2.些许棉花或报纸

3.两杯开水

游戏魔法棒

1. 在鞋盒里加一些棉花或者报纸，就能做成一个简单的保温箱。
2. 可以取两杯开水来做一下对比。一杯置于桌上，一杯放到保温箱中，盖上盖子，半个小时后之后测量温度，发现保温箱中的温度果然下降得慢一些。

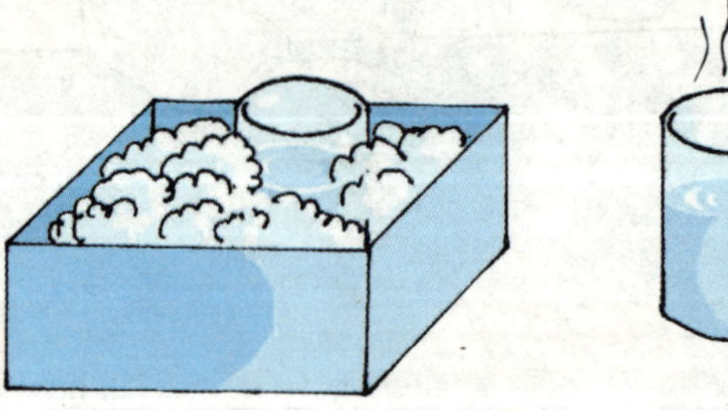

鞋盒里的开水之所以温度下降得慢，是因为做成鞋盒的纸材料、棉花等是热的不良导体，并且能减少空气流通，减少热的对流和传递。

2.倔犟的水

水是从高处往下流的，但有时候并不是这样，这是怎么回事呢？

魔力工具箱 1.一个玻璃杯 2.一条手帕 3.一个橡皮筋

游戏魔法棒

1. 用手帕盖住杯口，用橡皮筋绑紧，让水冲在手帕上，结果水流进了水杯中。
2. 等杯子里的水装到2/3位置时，把杯子迅速地倒转过来，让杯口朝下，结果发现水并没有流出来。这是为什么呢？

杯子倒转过来时，水没有流出来，是因为大气压力的原因。杯子外面的气压大于杯子里面的气压，所以外面的气压堵住了杯口，这样杯子里面的水就流不出来了。

3.杯子"饿"了

杯子是用来盛东西的，可有时它也"吃东西"。这是怎么回事呢？

魔力工具箱 1.一个玻璃杯 2.一块垫板

游戏魔法棒

1 将玻璃杯装满水，并用垫板扣在玻璃杯杯口。

2 用一只手扶着杯子，另一只手扶着垫板，同时翻转过来，使杯口朝下。然后将扶着垫板的手放开，发现垫板并没有掉下来。看起来，好像玻璃杯紧紧地"吃"住了垫板一样。

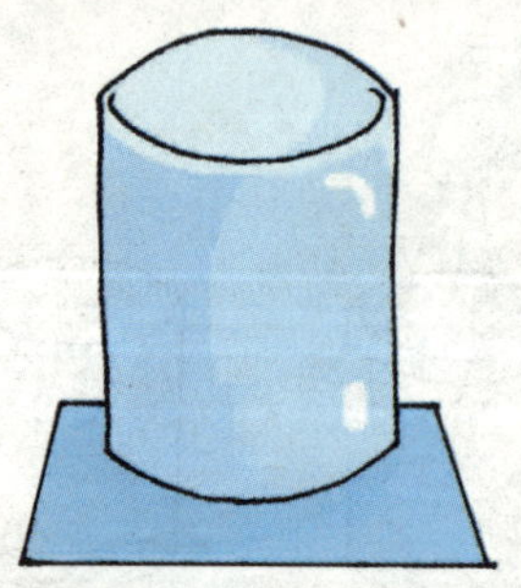

盛水的杯子覆盖着垫板，因为杯外的空气压力比较大，垫板就不会掉下来。如果把杯子里面的水倒掉，却发现垫板很容易掉下来。这其实是气压在起作用。

4.不听话的气球

我特别喜欢吹气球，可聪明博士说有一种情况下气球是吹不大的，这到底是什么情况呢？

魔力工具箱 1.一个玻璃瓶 2.一个气球

游戏魔法棒

1. 把气球装进玻璃瓶中，把气球口反扣在玻璃瓶口上。
2. 用力吹气球，你会发现无论你用多大的力气去吹也吹不大气球。（这是怎么回事呢？）

当把气球口反套在瓶口上时，同时也封闭了瓶内的空气，这就是说，气球外面的瓶内也存在着大气压。当你吹气时，瓶子内部的气压整体升高，气压内外壁的大气压始终保持平衡，所以不管怎样吹气，就是吹不大。

5.捂住气球的“耳朵”

五颜六色的气球我们都玩过，但你玩过给气球安“耳朵”的游戏吗？一起来试一试吧！

魔力工具箱 1.一个气球 2.一根细绳 3.两个小玻璃杯 4.一盆热水，一盆冷水

游戏魔法棒

1. 准备一个小气球，吹满气，将口紧紧绑住。
2. 取两个小玻璃杯，在两个杯子中加满热水，提升玻璃杯温度，然后倒掉热水，迅速将玻璃杯口贴在气球两侧，形成气球的两只“耳朵”。
3. 取一杯凉水，浇在两个温热的玻璃杯外边，使其降温。发现即使将一边的“耳朵”竖直提起，另一边的“耳朵”也紧紧贴在气球上面。

这个游戏的奥秘在于内外的大气压强不一样。给玻璃杯加热水，使玻璃杯的温度升高，玻璃杯内的空气也就变热了。这个时候迅速将杯口扣在气球上，再用凉水给它们降温，致使玻璃杯内的空气因为变凉而发生了体积收缩，杯内的气压变低。而此时贴附着的气球因为没有受到干扰，内部气压一直保持着稳定的状态，这样与玻璃杯内的大气产生了气压差，因而紧靠杯口的那一部分气球被压进杯内。

6.你会做降落伞吗

关于降落伞我们都很熟悉，但你想过自己制作一个降落伞吗？

魔力工具箱

1.塑料袋 2.剪刀 3.16根细绳
4.一个玩具小人

游戏魔法棒

1. 把塑料袋剪下一块边长为30厘米的正方形薄膜。按照对角线依次折叠4次，得到一个小的三角形。
2. 将三角形的斜边剪成扇形，展开之后就能得到16等分的圆形的薄膜。
3. 在圆形薄膜16等分的褶痕上粘上16根细绳，细绳可以适当放长，将16根细绳为端收拢打成一个结。
4. 把玩具小人固定在细绳末端(如果玩具小人有环，可以在细绳打结之前穿过环再固定)。
5. 找一个稍高的地方，将细绳环绕薄膜整理好，将它们向高空抛出，就能看见薄膜徐徐展开，带着玩具小人缓缓降落了。

地球上的物体都要受到地心引力的作用。当我们把薄膜向空中抛时，加上玩具小人的作用，它就会向地面降落。按照常理，玩具小人应该快速降落，但是薄膜展开时，伞面受到了空气的阻力，在气流的作用下，使得它能够平稳地飘落下来，从而减少伞兵因高空坠落造成的人身伤害。

7.这个规律你懂吗

把一张半卷着的名片摆放在桌子上。你肯定会以为，如果使劲吹一下，名片很容易翻转过去。可事实并不是这样的，不信就试试！

魔力工具箱 一张名片

游戏魔法棒

1. 把一张名片对折一下放在桌子上。
2. 使劲对着折角的空隙吹气，不管你费多大力气，名片不但不会翻转，反而会更加牢固地“抓”住台面。（是什么力量使明信片纹丝不动呢？）

吹出的气使名片下方的空气量减少，这样就使名片下方的压强降低，但名片上方的压强没有变化。所以，名片就相当于一个更大的压力，因此它会更加牢固地粘在桌子上。

8.当水遇到试管

水会往下流，试管会往下掉，当这两样东西组合在一起时，会出现什么现象呢？

魔力工具箱

1.大小试管各一支

2.一个盛有半盆水的塑料盆

游戏魔法棒

1 在大试管里装上七八分水后，把小试管下半部插入大试管中。

2 在塑料盆的上方，一只手扶着小试管，另一只手握着大试管，迅速地倒过来，让管口朝下，并同时松开手，发现小试管不是往下掉，而是向上爬。

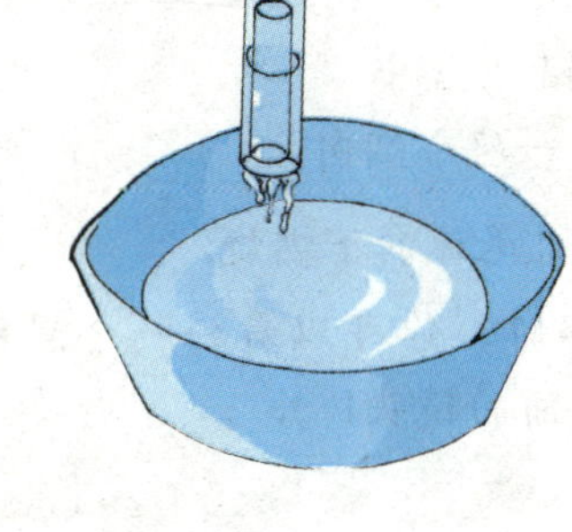

小试管之所以往上攀爬，是因为大试管里的水流出来时，内部压力变小，小试管就会被大气气压推上去，也就是向上攀爬。等大试管里的水流光以后，小试管就会掉下来。

9.做个会飞的“凤凰”

我从来没见过凤凰，可聪明博士说他可以做出一个凤凰。到底凤凰长什么样子呢？

魔力工具箱 1.剪刀 2.胶水 3.铝制盘 4.白纸 5.火柴

游戏魔法棒

1. 把白纸剪成一个长约20厘米，宽约10厘米的纸条，然后把纸条的两边用胶水粘好，这样就做成了一个纸桶。
2. 将纸桶竖立到铝制盘中央，看起来就像一座小烟囱。
3. 点燃纸桶上端，火迅速向下燃烧。
4. 当火苗接近底部时，你可以看到一个黑色的纸灰桶腾空而起。（这真是一个美丽的镜头！）

纸桶的燃烧使其内部形成一股热气流，热空气上升就将较轻的纸灰桶托起来了。这个游戏也可以称为“凤凰涅槃”，因为它好像凤凰一样在自己的灰烬中升空。由于少量热空气所形成的浮力很有限，所以你必须选择较轻的纸，否则会很难成功。

10.便宜的快艇

什么？自己制造喷气船？那需要花多少钱呀？

魔力工具箱

1.金属小铁盒 2.易拉罐 3.铁丝 4.蜡烛头
5.铁皮盖子（面积比易拉罐底部大） 6.小钻
7.盒火柴

游戏魔法棒

1 先在易拉罐里面约装1/3的水。

2 把易拉罐用铁皮盖子堵住，不让里面的水流出来，在盖上钻一个小眼。

3 用铁丝将易拉罐固定在金属小铁盒上方，在易拉罐下面放几节蜡烛头，点着蜡烛头，过一会儿易拉罐里的水就会烧开，蒸汽就会从小眼里喷出来，推动小铁盒向另一个方向前进。就这样，一个简易的“快艇”就做好了。

（哈哈，你看不用花多少钱就能制造一艘喷气船吧？）

这个装置的原理是蜡烛的燃烧将水转换为蒸汽，蒸汽推动船向前进。如果你希望船速加快，就要把火烧得更旺一些。早期的蒸汽式火车也是运用这个原理在铁轨上运行的。

11.冰与水的差别

冰和水的化学分子式是一样的，可是为什么它们的名称不一样呢？它们有什么区别呢？

魔力工具箱　1.一个装满水的玻璃杯　2.少许冰块

游戏魔法棒

1. 在装满水的玻璃杯中放一些冰块。
2. 冰块浮在了水面上，当冰块融化后，水并没有溢出杯子。（为什么水位没有上升呢？）

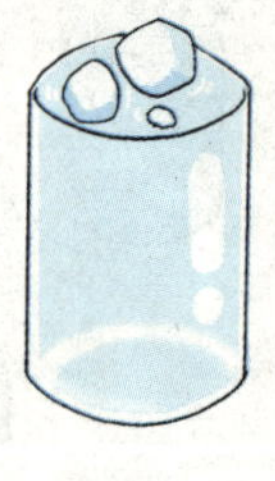

原来，冰的密度比水的密度小，所以冰在水里不会下沉，所以，冰的体积比同等质量水的体积大，冰在水中排出的水的重量正好等于冰的重量。冰融化后变成水，填满原来冰排出的那部分体积。

12.告诉你火的秘密

我们都见过蜡烛燃烧，但你知道蜡烛在燃烧时哪个部位的温度最高吗？

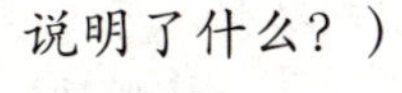

1.一根蜡烛 2.一盒火柴

游戏魔法棒

1. 用火柴点燃蜡烛。
2. 把一根火柴棍横放在火焰下部。
3. 一会儿拿出会发现火柴杆两边被烧焦了，中间没有被烧坏。（这说明了什么？）

蜡烛的外焰温度最高，这是冷空气对流造成的。火焰外部温度比中心的高，这是由于火焰的外部供氧充足，燃料充分燃烧，而火焰中心氧气不足，燃烧不充分，温度要比外焰低一些。

13.杯中大世界

你见过龙卷风吗？我也没见过。可聪明博士说可以自己动手做一个简易的龙卷风装置。我有点害怕！

魔力工具箱

1.一个玻璃杯 2.一瓶碳酸饮料

3.一袋食盐 4.一个小勺

游戏魔法棒

1. 往玻璃杯里倒大半杯碳酸饮料。
2. 在盛碳酸饮料的杯子里加一匙食盐，这时你会看到从杯底垂直地升起一根长鼻状的带子，很像天空中出现的龙卷风。（好壮观呀！）

在含有碳酸的饮料中加入食盐后，会形成二氧化碳气体。二氧化碳以小气泡的形式出现，玻璃杯里的饮料则形成了一根长鼻状的带子，类似于天空中出现的龙卷风。

14.我们做个简易的大炮

从电视剧中，我们经常可以看到冒着硝烟的大炮。那博士说的“大炮”和真正的大炮有什么不同呢？

魔力工具箱

1.一个两头封闭的纸板圆柱筒
2.剪刀　3.蜡烛　4.橡皮泥

游戏魔法棒

1. 在纸板圆柱筒一端的盖子中间，剪出一个直径大约2厘米的圆孔，作为大炮的炮口。
2. 把“大炮”架在橡皮泥上，一副大炮就成了。
3. 在距大炮1米远的地方放一支点燃的蜡烛，把你的炮对着蜡烛瞄准好。
4. 用手在大炮筒的底部轻轻拍一两下，你会看到烛焰马上就被你的大炮“击”灭了。（如果烛焰只是摇曳了一下，那说明你瞄得不够准。只要你瞄得准，甚至在3米处的烛焰也能被吹灭。）

这是大炮喷出的“音圈”吹灭了烛焰。我们可以在大炮里放些烟来观察这个现象：你请一个会抽烟的人，通过圆孔吹进几口烟，用手指节慢慢地轻拍纸筒的底面，你会看到很多美丽的烟圈从圆孔里喷出来，并且形状保持得很完整。如果你用灯照着烟圈，对着一个黑暗的背景观看这些烟圈，你会看见，每个烟圈上的烟都在迅速地兜着圈子做滚翻，简直美极了。

15.你会这样剥鸡蛋吗

我们都知道鸡蛋的营养价值很高，但是蛋壳却很难剥，很影响食欲。你试过用哪种方法来剥鸡蛋呢？

魔力工具箱 1.一个刚煮熟的鸡蛋 2.一碗冷水

游戏魔法棒

1. 把刚煮熟的鸡蛋放在冷水里浸泡一下。
2. 鸡蛋壳果然很容易就剥下来了。

（哈哈，下次吃鸡蛋时就比小不点吃得多了。）

不同的物体遇冷时有不同的收缩力。蛋壳内有蛋白和蛋黄，因软硬不同，收缩力也不同。刚煮熟的鸡蛋，立即放入冷水里，会马上收缩，蛋壳和蛋白的收缩程度不同，从而使蛋壳和蛋白发生了脱离，所以经冷水浸泡后的熟鸡蛋比较好剥。

16.不怕吹的火

今天，物理老师说蜡烛也可以吹不灭。他让我们回家想想是怎样做到的，明天上课时要我回答。博士，你快教教我吧！

魔力工具箱 1.硬纸片 2.透明胶带 3.蜡烛 4.剪刀

游戏魔法棒

1. 用剪刀把硬纸片剪成一个扇形，并用透明胶带粘上，做一个漏斗。
2. 点燃蜡烛，并在桌子上立好。
3. 用嘴咬住漏斗的小口径，把漏斗的大口径对准火苗，使火苗处在大口径中央后，使劲吹气（确认漏斗的大口径中央对准了蜡烛火苗，这一点很重要），结果发现，不管怎么吹，火苗不仅不会灭，反而向漏斗靠拢。

空气、水等流体大都具有沿着物体表面流动的性质，且流向总是从高到低。当嘴对着漏斗吹气时，空气沿着喇叭形壁面扩散，于是漏斗中部空气变稀薄，反而使漏斗的中部空气倒流。向漏斗里吹气时，气体沿着壁面流动，所以中间部位的压力就减少了。在实验中，烛焰恰好处于空气要保持压力平衡流向低压区的位置，所以烛焰向漏斗方向倾斜，蜡烛也就不会被吹灭了。

17.气球的对决

一场氢气球升空比赛开始了。谁的气球能飞得更高呢？

魔力工具箱 两个气球

游戏魔法棒

1. 一个气球里充满了氢气，另一个气球里则不充满。
2. 把两个气球同时放出，发现没有充满气体的气球飞得高些。（为什么没有充满气体的气球飞得高些呢？）

气球的升高取决于它排除空气的体积。越鼓的气球升空的速度越快，但它内部的气压却在高空气压减弱的情况下越来越高，最后使气球破裂。没有充满气的气球升空速度虽然慢，但却可以升得更高，它还可以继续膨胀，得到新的动力，直到它的重量和被排除的空气一致。然后里面的部分气体通过气球外壁的毛细管缓慢外泄，逐渐下滑，直至最后降落到地面。

18.瓶中苍蝇

请问：一只被关在瓶子里的苍蝇是停留时重，还是飞翔时重？

魔力工具箱 1.一个密封的瓶子 2.几只苍蝇 3.一个台秤

游戏魔法棒

1. 在瓶子里放入几只苍蝇，然后密封好。
2. 放在台秤上，你会发现无论苍蝇是在飞行，还是落在瓶壁上，台秤的指数均不变。

原来，秤的重量取决于瓶子和其中装的东西，而这些并不改变。当苍蝇飞行时，它们的重量被气流传递，作用在瓶子上，尤其是翅膀扇出的向下的气流。

19.吸管也疯狂

有一根吸管，并不坚硬，用手指一扳，它就弯了；稍微用点力气，它就扁了。现在，聪明博士却能用它穿过土豆。他是怎么做到的呢？

魔力工具箱 1.一根吸管 2.一小块布 3.一个土豆

游戏魔法棒

1 在拇指上垫一块布再按住吸管的一端，以最快的速度往土豆里插。（保证吸管不漏气）

2 奇迹发生了，吸管真的插进土豆里去了。

（是不是很神奇呀？如此软的吸管竟然插进土豆里去了。）

并不坚硬的塑料吸管能穿过土豆，这里也是借助大气压的作用。用拇指按住吸管的上端，也就把空气留在了吸管里，再往下插的时候，空气被封在里面，使得软弱的吸管就变得坚硬起来，所以就能插进土豆，甚至还可以穿透土豆呢！

20.活泼的葡萄

你见过会跳舞的葡萄吗？葡萄怎么会跳舞呢？

魔力工具箱

1.高玻璃杯（越高越好） 2.汽水和水各一瓶
3.两粒无疤痕的葡萄

游戏魔法棒

1. 往玻璃杯里倒入汽水和水各一半（如果用温水会看到葡萄活动得很快，但效果不会持续）。
2. 把葡萄放入杯中，等待20分钟。

3. 20分钟后，沉在杯底的葡萄开始运动并浮上来。当沾满气泡的葡萄漂浮在水面上滴溜溜转动时，其表面气泡的数量便慢慢减少，此时葡萄又开始沉下去。如果不挪动它，这样的沉浮可反复持续一天左右。（葡萄的“舞功”好厉害！）

其实，这是二氧化碳在起作用。汽水里溶解着二氧化碳，变为气体的二氧化碳气泡便附在了葡萄表面，气泡附得多的葡萄由于浮力增大，就浮了上来。但由于要到达水面，葡萄就得转动，这时二氧化碳气泡就会消失，所以葡萄再次沉了下去。

21.如何让硬币激动

硬币竟然可以在瓶子上跳起“舞”来，听起来好像很有趣，但到底该怎么做呢？

魔力工具箱

1.一瓶可口可乐　　2.一枚1元硬币
3.少许食盐　　4.一把汤匙

游戏魔法棒

1. 在可乐瓶中加入半汤匙食盐。
2. 在硬币上洒些水，把它打湿，然后放在可口可乐瓶子的瓶口上。
3. 仔细观察，你会看见硬币在瓶口上不停地“跳舞”。

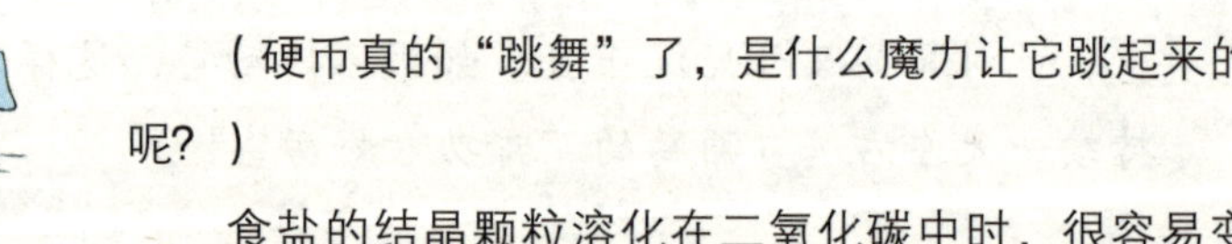

（硬币真的“跳舞”了，是什么魔力让它跳起来的呢？）

食盐的结晶颗粒溶化在二氧化碳中时，很容易变为碳酸气体，但因为瓶口被硬币堵住了，二氧化碳无路可走。一旦瓶中的压力超过硬币的重量与外界的大气压的和，硬币就会跳起，使瓶中的二氧化碳溢出。但紧接着硬币又会因为自己的重量和外界气压而落下，盖住瓶口。然而，只要瓶中的压力再次升高，硬币又会起来。如此反复，硬币又会跳起来。

22.蜡烛的新用法

用一根吸管和一支蜡烛就可以做简易的抽水机，你试过吗？

魔力工具箱 1.透明玻璃杯 2.长吸管 3.硬纸板 4.蜡烛 5.火柴 6.剪刀 7.橡皮泥

游戏魔法棒

1 把两个玻璃杯并列放在桌子上，在左边的玻璃杯中点燃蜡烛，在右边的玻璃杯中放入水。

2 把吸管折成门框形，备用。在硬纸板上面用剪刀剪一个小洞，然后把吸管的一端穿过去。

3 把硬纸板放在左边杯子上，用橡皮泥把硬纸板与杯子接触的地方密封好，并把硬纸板与吸管的接触处也密封好。

4 把吸管的另一端放在右边杯子的水中。过一会儿，你会发现水慢慢从右边杯子流入了左边杯子。

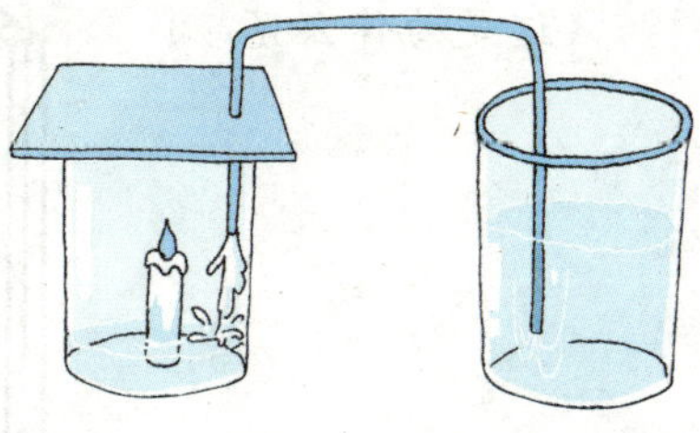

原来，蜡烛燃烧用光了左边杯子里面的氧气，外界的空气又不能及时补充，因而左边杯中的气压降低，而右边杯中的气压仍然正常，所以水就被大气压强压进了气压较低的左边杯子里。等到两个杯子里水的表面所承受的压力相等时，水就不流动了。

23.玻璃“爱”玻璃

玻璃在我们的科学游戏中已经出现了很多次，充当了很重要的角色。如果，玻璃和玻璃遇到一起会发生什么情况呢？

魔力工具箱　1.两块玻璃　2.一杯水

游戏魔法棒

1. 两块玻璃不论是竖着放，还是横着放，只要一松手，马上就会分开了。
2. 把两块玻璃擦干净，然后在其中一块上面倒少许水，把另一块合上。这时再拿却怎么也拿不开，两块玻璃如同“粘”住了一般。（这是为什么呢？）

两块玻璃合在一起时，因为中间有空气，内外压力相等，所以很容易拿开。当两块玻璃中间滴上水以后，再合起来水滴就把里面的空气赶跑了，外界大气压就把玻璃“粘”到了一起，很不容易分开。

24.骗人的孔洞

我们知道凡是孔洞都可以透水，可有一些孔洞却不会透水，你见过吗？

魔力工具箱 1.一个果汁瓶 2.一个直径为3毫米的钉子

游戏魔法棒

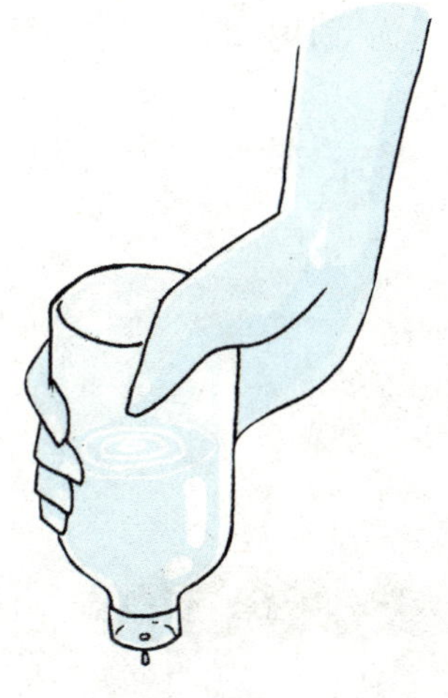

1. 在一个果汁瓶盖上用一根直径为3毫米的钉子打几个孔。
2. 瓶中灌满水后，把盖拧紧，用手捂住瓶盖。
3. 然后把瓶子倒过来，当你把手拿开的时候，瓶中的水却不会流出来（最多有几滴）。

水分子在瓶盖的小孔上互相吸引，形成水膜，覆盖了小孔，致使水无法从小孔中滴落出来。不过如果进入了空气，水就很容易从瓶子中流出了。

参考文献

[1]王剑锋.青少年最爱玩的400个科学游戏[M].北京：中国纺织出版社，2007.

[2]杜宝东.令孩子惊奇的88×2个科学游戏[M].天津：天津科学技术出版社，2009.

[3]武瑛娟.越玩越聪明Ⅲ——开发青少年八大潜能的400个科学游戏[M].北京：中国城市出版社，2008.